Nancy & Tom Flynn

Professionelle E-Mails

NewBusinessLine

- ■ Schreiben
- ■ Texten
- ■ Gestalten und Verwalten

UEBERREUTER

Die Deutsche Bibliothek – CIP-Einheitsaufnahme

Flynn, Nancy:
Professionelle E-Mails : Schreiben, Texten, Gestalten und Verwalten /
Nancy & Tom Flynn. – Wien : Ueberreuter, 1999
(New business line ; 97) (Manager-Magazin-Edition)
ISBN 3-7064-0592-X

S 0491   1 2 3 / 2001 2000 1999
Aus dem Amerikanischen von Tatjana Hazagordzian
Originaltitel »Writing Effective E-Mail«, erschienen im
Verlag Crisp Publications, Inc., Menlo Park, Kalifornien
Copyright © 1998 by Crisp Publications, Inc.
Technische Redaktion: Dr. Andreas Zeiner
Umschlag: Init, Bielefeld
Illustrationen: Josef Koo
Copyright © 1999 by Wirtschaftsverlag Carl Ueberreuter, Wien/Frankfurt
Printed in Hungary

Inhalt

Die Ziele des Buches sind im folgenden angeführt. Sie wurden entwickelt, um Ihnen, dem Leser, die wichtigsten in diesem Buch behandelten Themen näherzubringen.

Ziele:

1) Planung und Erstellung von E-Mail-Nachrichten

2) Eine effektive Präsentation und die Technik von E-Mails

3) Management und Organisation von E-Mails

Widmung

Nancy Flynn widmet dieses Buch ihrem Ehemann Paul Schodorf, durch dessen Lektorat dieses Buch erst entstehen konnte, und ihren Kindern Bridget und Tim.

Tom Flynn widmet dieses Buch seiner geliebten Frau Sammi.

Wir danken unseren Eltern, Dorothy und Lou, die uns beigebracht haben, gut geschriebene Bücher zu schätzen.

Nancy Flynn ist Präsidentin von Nancy Flynn Public Relations, Inc. und leitet in ihrem Unternehmen Seminare und Workshops zum Thema Schreiben. Frau Flynn hat zahlreiche Artikel in diversen Publikationen veröffentlicht und war an der Ohio State University in den Fachbereichen Englisch und Journalismus als Dozentin tätig. Ihre E-Mail-Adresse lautet: nfpr@netset.com.

Tom Flynn ist Senior Information Systems Project Leader bei Liebert Global Services. Er arbeitet seit 1982 mit diversen Computersystemen, beherrscht zahlreiche Softwareentwicklungssprachen und ist Experte auf dem Gebiet der E-Mail-Software. Seine E-Mail-Adresse lautet: tpflynn@netset.com.

E-Mails entwickeln sich mit rasanter Geschwindigkeit zum gebräuchlichsten und schnellsten Medium im Geschäftsleben und in der persönlichen Kommunikation. Daß eine E-Mail schneller an Ort und Stelle ist, bedeutet jedoch nicht, daß Sie weniger Zeit für die Feinheiten aufwenden müssen. Jede Geschäftskorrespondenz – ob sie nun auf einem Bildschirm oder traditionell auf Papier geschrieben ist – spiegelt ein Bild von Ihnen und Ihrem Unternehmen wider.

Ein E-Mail-Dokument, das voll mit Grammatik-, Interpunktions- und Orthographiefehlern ist, wird die Geduld des Lesers in Anspruch nehmen und Ihre Glaubwürdigkeit mindern. Im Werben um die Aufmerksamkeit des Lesers von elektronischer Post sichert Ihnen eine sorgfältig und fehlerfrei geschriebene E-Mail den Erfolg.

Bewerten Sie
Ihre aktuellen Schreibqualitäten

Ihre Fähigkeit, einen klaren, präzisen, nicht-elektronischen Brief zu verfassen, geht Hand in Hand mit dem Erstellen Ihrer E-Mail-Dokumente. Die folgende Übung hilft Ihnen, Ihre Einstellung bezüglich E-Mails festzustellen, Stärken und Schwächen Ihres Schreibstils zu erkennen und Ihre elektronischen Schreibversuche zu präzisieren.

☒ R = richtig, F = falsch   R   F

1. Weil E-Mails kurze und informelle Kommunikationsmittel sein sollen, gelten die üblichen Regeln für Grammatik, Interpunktion und Stil nicht .... ☐ ☐

2. Sie können die Lesbarkeit und Wirkung Ihrer E-Mail-Botschaft verstärken, indem Sie nur Groß- oder Kleinbuchstaben verwenden .... ☐ ☐

3. Kurze Sätze verraten intellektuelle Schwächen. Sie beeindrucken einen Leser auf jeden Fall, indem Sie lange und stark interpunktierte Sätze schreiben .... ☐ ☐

4. Sparen Sie das Beste immer für das Ende der E-Mail auf. Wenn Sie die wichtigsten Informationen gleich zu Beginn preisgeben, wird der Leser nicht motiviert sein, das Dokument bis zum Ende zu lesen .... ☐ ☐

5. Elektronischer Schreibstil unterscheidet sich wesentlich von traditionellem .... ☐ ☐

Auswertung:

Sie tippen auf ...

5 Falsch: Sie sind auf dem richtigen Weg, ein ausgezeichneter Verfasser von E-Mails zu werden.

4 Falsch: Vergessen Sie nicht, daß gutes Schreiben immer gutes Schreiben ist – egal, ob es nun auf Papier oder auf einem Bildschirm ist.

2 bis 3 Falsch: Bevor Sie mit dem Schreiben beginnen, sollten Sie sich auf Ihr Ziel konzentrieren. Als Schreiber müssen Sie hauptsächlich den Leser überzeugen. Es ist schwierig, jemanden zu überzeugen, der nicht versteht, was Sie zu sagen haben.

1 Falsch: Eine umfassende Wiederholung von Grammatik und Interpunktion wäre vielleicht eine gute Idee. Konzentrieren Sie sich vor allem auf die Teile 3 und 4 dieses Buches.

... die richtigen Antworten lauten:
1. falsch; 2. falsch; 3. falsch; 4. falsch; 5. falsch

Bewerten Sie Ihre Computerkenntnisse

Bevor Sie sich damit beschäftigen, einen effektiven elektronischen Schreibstil zu entwickeln, wäre es von Vorteil, Ihre Computerkenntnisse zu testen. So werden Sie herausfinden, auf welchem Wissensstand Sie sich befinden, und erkennen, wohin der Weg gehen soll. Dann wird es einfacher sein, die von Ihnen angestrebten Kommunikationsziele zu erreichen. Falls Sie bereits eine klare Vorstellung vom Gebrauch von E-Mail und den dafür erforderlichen Kenntnissen haben, können Sie gleich mit Teil I des Buches beginnen.

1.   Stellen Sie sich folgende Frage: »*Inwiefern soll mir mein PC behilflich sein?*«

■ Möchten Sie nur in Ihrer Freizeit E-Mails an Freunde schicken, elektronische Spiele spielen oder im Internet surfen?

■ Möchten Sie Ihren Computer geschäftlich nützen, um Briefe und Memos zu schreiben, Kalkulationstabellen zu erstellen und mit Mitarbeitern, Lieferanten und Kunden zu kommunizieren?

■ Sind Sie ein *Power User*, der Computerprogramme kreiert und schreibt oder mit komplizierten mathematischen, wissenschaftlichen und/oder statistischen Anwendungen arbeitet?

2. Erstellen Sie eine detaillierte Liste Ihrer beruflichen und persönlichen Aufgaben und Interessen. Neben jedem Punkt notieren Sie, inwiefern ein PC Ihnen behilflich sein könnte. Diese Liste wird Ihnen beim Einkauf von Computerausrüstung und -software und bei Organisation und Management Ihres PCs nützlich sein:

■ Aufgaben und Interessen	■ Die Rolle Ihres PCs
1.	1.
2.	2.
3.	3.

3. Testen Sie jetzt ein wenig Ihr PC-Basiswissen:

Was macht eine CPU?

Was ist der Zweck eines Modems?

Was ist CD-ROM?

Wie benützt man eine Diskette?

4. Verstehen Sie den Unterschied zwischen Hardware und Software?

☒ J = ja, N = nein

J   N

Ich verstehe den Unterschied zwischen Hardware und Software .... ☐ ☐

5. Wieviel Leistung muß Ihr PC haben, um die erforderlichen Aufgaben erfüllen zu können?

6. **Wissen Sie, wo Sie Hilfe bekommen?**

   ☒ J = ja, N = nein

   J   N

   Auf dem PC .... ☐ ☐
   Auf der Software .... ☐ ☐

7. **Wissen Sie, wie man Sicherungskopien (Backups) erstellt?**

   ☒ J = ja, N = nein

   J   N

   Ich weiß, wie man Backups erstellt .... ☐ ☐

8. **Verstehen Sie die grundlegenden Funktionen der von Ihnen verwendeten Software?**

   ☒ J = ja, N = nein

   J   N

   Ich verstehe die grundlegenden Funktionen der von mir
   verwendeten Software .... ☐ ☐

Verbessern Sie Ihre Computerkenntnisse

Wenn es um Computer geht, kann man immer etwas Neues dazulernen. Wenn Sie nach Ihrem Selbsttest das Gefühl haben sollten, Ihre Kenntnisse etwas auffrischen zu müssen, ist das kein Problem. Hier finden Sie Hilfe:

- Gehen Sie in eine Fachbücherei oder in die Bibliothek. Dort finden Sie zahlreiche Bücher für Anfänger, Fortgeschrittene und Profis zum Thema Computer.

- Nützen Sie die *Hilfe* Ihres Softwareprogrammes. Heben Sie die Handbücher Ihrer neu gekauften Hard- und Software auf; bei Problemen liefern sie wertvolle Hilfe.

- Fragen Sie Freunde, Kollegen und Familienmitglieder, die sich mit Computern auskennen und Dinge auch verständlich erklären können, um Rat.

- Besuchen Sie einen der zahlreich angebotenen Computerkurse.

- Bleiben Sie für alles offen. Schwierige Computerkonzepte zu beherrschen und sich neue Kenntnisse anzueignen erfordert Geduld, Ausdauer und Lernwillen.

Teil 1:
Vorbereitungen für das Schreiben von E-Mail-Nachrichten

Auch wenn Sie der Meinung sind, die Nachricht an sich sei der wichtigste Teil einer E-Mail, sind doch einige vorbereitende Überlegungen anzustellen: Ist eine E-Mail die beste Methode, Ihre Information zu übermitteln? Wenn ja, wer ist Ihr Leserkreis? Sollen Sie an jemand anderen eine Kopie senden? – Die folgenden Richtlinien werden Ihnen bei der Beantwortung dieser Fragen nützlich sein.

Wenn Sie E-Mail vor allem am Arbeitsplatz benutzen, sollten Sie sich bewußt werden, daß eine E-Mail zwar das schnellste schriftliche Kommunikationsmittel, jedoch bei weitem nicht das sicherste ist. Sie möchten vielleicht jemandem eine vertrauliche Nachricht senden, drücken versehentlich eine falsche Taste – und schon können Dutzende oder hunderte Menschen diese E-Mail lesen. Ihre Nachricht kann auch direkt durch den Empfänger weitergeleitet werden.

Die Wahrscheinlichkeit ist auch groß, daß *Big Brother* Ihnen über die Schulter schaut und Ihre elektronische Post liest. Laut der Society for Human Resource Management stecken mehr als 36 Prozent der Mitarbeiter ihre Nase in E-Mails der Kollegen, und mehr als 70 Prozent sind der Meinung, das Recht zu haben, alles zu lesen, was innerhalb der Firma über den Bildschirm flimmert.

Sexuelle Belästigung und damit gerichtliche Prozesse wurden durch unschickliche E-Mail-Nachrichten ausgelöst. Viele Menschen behandeln E-Mails zu locker und verschicken Nachrichten, die sie niemals auf Papier bannen würden. Gehen Sie kein Risiko ein. Schreiben Sie nichts, was Sie nicht auch mündlich sagen würden. Falls es in Ihrem Unternehmen noch keine Verordnungen zum Thema E-Mail gibt, wäre jetzt ein guter Zeitpunkt, damit anzufangen.

Auch wenn Sie eine E-Mail verschicken möchten, sollten Sie es nicht tun, wenn ein Telefonanruf oder ein persönliches Gespräch angebrachter wären. Eine E-Mail ist schnell und praktisch, jedoch nicht immer das beste Kommunikationsmittel. Entscheiden Sie sich für einen Telefonanruf oder für ein persönliches Gespräch, wenn die folgenden Umstände zutreffen:

- Ihre Nachricht ist sehr wichtig oder vertraulich, und Sie können keine Verletzung der Geheimhaltung riskieren. Wenn Sie nicht möchten, daß Ihre Nachricht von anderen gelesen wird, sollten Sie keine E-Mail schicken. Es ist einfach nicht sicher genug.

- Sie müssen unangenehme Neuigkeiten überbringen und möchten nicht kalt oder gleichgültig erscheinen. Machen Sie es sich zur Regel, schlechte Neuigkeiten persönlich oder per Telefon auszurichten. Dadurch haben Sie die Möglichkeit, auf den Inhalt der Botschaft mit dem passenden Gesichtsausdruck, mit Körpersprache und Stimm-Modulation zu reagieren.
  Ein Beispiel: Eine E-Mail wäre die effektivste Methode, die Mitarbeiter der Buchhaltungsabteilung über eine verbindliche Sitzung zu informieren. Die Sitzung jedoch, und nicht eine kalte und unpersönliche E-Mail-Nachricht wäre der geeignete Rahmen, die schlechte Nachricht zu verkünden, daß die Anzahl der Mitarbeiter in der Abteilung verringert werden wird.

- Es besteht die Möglichkeit, daß Ihre schriftliche Nachricht falsch verstanden wird.

- Sie benötigen eine sofortige Antwort. Mit einer E-Mail kann man zwar etwas schnell mitteilen, das schließt jedoch keine schnelle Antwort mit ein. Falls Sie sofort eine Antwort in einer dringlichen Angelegenheit brauchen, wählen Sie das persönliche Gespräch oder das Telefon.

Bevor Sie das erste Wort schreiben, sollten Sie über Ihre Nachricht und deren Leser nachdenken. Überdenken Sie auch Faktoren von außen, wie Sprache, Zeitzonen und »versteckte« Leser, die beeinflussen können, wie Ihre elektronische Nachricht empfangen wird. Erst danach sollten Sie entscheiden, ob Sie eine E-Mail als Kommunikationsform wählen.

Sie können genauso einfach eine E-Mail um die halbe (oder ganze) Welt schicken wie mit dem Kollegen von nebenan kommunizieren. Sind Sie für die kulturellen Herausforderungen der internationalen elektronischen Kommunikation gewappnet? Führen Sie diesen 5-Punkte-Test durch, um zu sehen, wie gut Sie informiert sind.

☒ J = ja, N = nein

J   N

1. Im wesentlichen gibt es zwischen internationalen und nationalen E-Mails keinen Unterschied .... ☐ ☐

2. Machen Sie sich keine Sorgen wegen der Sprache. Englisch ist die internationale Handelssprache .... ☐ ☐

3. Internationale E-Mails verlangen detailliertere und spezifischere Informationen als nationale .... ☐ ☐

4. Alle Menschen, die die gleiche Sprache sprechen, haben eine ähnliche Kultur .... ☐ ☐

5. Wenn man einem Kollegen im Ausland eine E-Mail schickt, ist es in Ordnung, technischen Jargon, Akronyme und Abkürzungen zu verwenden .... ☐ ☐

Die richtigen Antworten

1. Nein.

Ob Sie nun eine E-Mail an entfernte Verwandte oder Geschäftspartner im Ausland schicken, internationale Kommunikation stellt viele Herausforderungen an Sprache, Kultur und Zeit. Verfasser von E-Mails sollten sorgfältig über die Bedürfnisse des Lesers nachdenken, bevor sie Nachrichten schreiben und versenden.

2. Nein.

Wenn Sie eine E-Mail-Nachricht verfassen, sollten Sie nicht von vornherein davon ausgehen, daß der Leser Ihre Sprache versteht und lesen kann. Informieren Sie sich vor dem Schreiben über den Leser. Wenn es notwendig ist, sollten Sie die E-Mail in die Sprache übersetzen lassen, die der Leser am besten versteht.

3. Ja.

Beschränken Sie Ihre Nachricht auf das Wesentliche. So erhöhen Sie die Wahrscheinlichkeit, von einer internationalen Leserschaft verstanden zu werden. Wenn Sie zum Beispiel *Unsere Videokonferenz beginnt um 6 am 3/7/99* schreiben, könnte das zum Desaster führen.

Amerikaner würden das Datum als 7. März 1999 lesen. Europäer als 3. Juli 1999. Und Japaner, die eine Jahreszahl/Monat/Tag-Regelung befolgen, wären noch verwirrter. Ideal wäre daher folgende Formulierung: *Unsere Videokonferenz beginnt um 18:00 Uhr am 7. März 1999.*

Auch Maßangaben können Herausforderungen sein. Wenn Sie daher eine E-Mail ins Ausland verschicken, sollten Sie in Klammer auch die Angaben in der örtlich gültigen Maßeinheit machen. Und kürzen Sie Maßeinheiten nach Möglichkeit nicht ab, sondern schreiben Sie die Begriffe aus. Zum Beispiel:

»Paul rannte am Samstag ein 10-Kilometer(6,2-Meilen)-Straßenrennen.«

4. Nein.

Sowohl innerhalb des deutsch-, englisch-, französisch- als auch spanischsprachigen Raumes gibt es große kulturelle Unterschiede.

5. Nein.

Auch wenn Sie eine E-Mail an einen Firmenmitarbeiter im Ausland schicken, sollten Sie niemals Akronyme, technischen Jargon, Abkürzungen oder humorvolle Redewendungen verwenden. Es kann sonst durch kulturelle Unterschiede zu Verwirrung und Mißverständnissen kommen. Drücken Sie sich in Ihrer E-Mail so genau wie möglich aus.

Adressieren Sie Ihre E-Mail-Nachricht

Eine E-Mail unter die Leute zu bringen unterscheidet sich vom traditionellen Postweg, dem Gang zum Briefkasten (der sogenannten Schneckenpost – *snail mail*). Bei der traditionellen Post adressieren Sie einfach ein Briefkuvert an jeden Empfänger und werfen die Briefe in den Briefkasten. Bei der E-Mail müssen Sie sich sogar vor dem Adressieren Gedanken machen, da Sie die Möglichkeit haben, die gleiche Nachricht zu einer anderen Person oder sogar zu einem Personenkreis zu senden.

E-Mail an einen individuellen Empfänger

Es gibt zwei Möglichkeiten, an individuelle Empfänger Nachrichten zu adressieren:

1. **Schreiben Sie die E-Mail-Adresse des Empfängers immer in das Adreßfeld, wenn Sie eine Nachricht schicken.** Eine nette und einfache Methode, wenn Sie jemandem selten eine Mail senden, jedoch ineffizient, wenn Sie ständig mit dieser Person in Kontakt stehen.

2. **Verwenden Sie ein elektronisches Adreßbuch.** Bei fast allen E-Mail-Paketen kann der Benützer ein Adreßbuch mit Namen und E-Mail-Adressen erstellen. Wählen Sie dann einfach einen Namen aus Ihrem elektronischen Adreßbuch, und die Software erledigt das Adressieren für Sie.

E-Mail an verschiedene Leser

Mit den meisten Mailprogrammen kann man Kopien und nicht sichtbare Kopien der Nachrichten versenden. Im allgemeinen brauchen Sie nur die entsprechenden Felder beim Adressieren Ihrer E-Mail auszuwählen: *To (An)*, *Cc (Kopienempfänger)* oder *Bcc (nicht sichtbarer Kopienempfänger)*

■ E-Mail-Adreß-Element	■ Bestimmung
To	Verwenden Sie dieses Feld für den Hauptempfänger Ihrer Nachricht.
Cc	Cc ist die Abkürzung für *carbon copy* (Durchschlagskopie). Fügen Sie in dieses Feld die Adresse jener Person ein, die eine Kopie Ihrer E-Mail erhalten soll.
Bcc	Bcc bedeutet *blind carbon copy* (nicht sichtbare Durchschlagskopie). Wenn Sie jemandem eine Kopie Ihrer E-Mail senden möchten, ohne daß der Hauptempfänger davon weiß, geben Sie die andere E-Mail-Adresse in diesem Feld ein.

Nur weil Sie in der Lage sind, diverse Kopien zu versenden, ist es doch nicht immer passend, es zu tun. Schicken Sie Kopien nur an Personen, die das Dokument auch lesen müssen. Verwender von E-Mail werden ohnehin mit Post überflutet. Wenn Sie also jemandem eine Kopie schicken, der sie eigentlich nicht zu lesen braucht, vergeuden Sie nur seine Zeit.

Nicht sichtbare Kopien (blind carbon copies) können Probleme verursachen. Wenn Sie der falschen Person geschickt werden, können Sie ein schlechtes Licht auf den Verfasser werfen.

Die Verwendung von Group Lists (Gruppenlisten)

Bei vielen E-Mail-Software-Paketen kann man Gruppenlisten erstellen und führen. Wenn Sie zum Beispiel oft E-Mails an die Mitglieder Ihres Projektteams senden, könnten Sie deren Namen und E-Mail-Adressen zu einer Gruppenliste mit dem Namen *Projektteam* zusammenfassen. Wenn Sie nun allen Mitgliedern des Teams eine Nachricht senden möchten, wählen Sie einfach den Gruppennamen aus, und der Vorgang des Adressierens ist damit schnell erledigt.

Antworten auf eine Nachricht

Manchmal ist es passender, auf eine erhaltene Nachricht zu antworten, als selbst eine neue zu verfassen. Dieser Vorgang geht ganz einfach: Sie klicken auf *Reply (Antwort)*. Die Originalnachricht erscheint mit den *To(An)*- und *From(Von)*-Feldern in umgekehrter Anordnung. Und schon können Sie Ihre Antwort verfassen.

Lassen Sie das ursprüngliche Betreff-Feld (Subject) unverändert, auch wenn Sie Themenänderungen vornehmen. Damit bleibt der Zusammenhang für alle Beteiligten bestehen.

Fügen Sie immer einen Gruß und eine Signatur bei, um eine Identifizierung Ihrer Kommentare sicherzustellen. Falls Sie mit Ihrer Software Ihre Antwort auch an andere Leser senden können, klicken Sie *Forward (Weiterleiten)*, schreiben die neuen Adressen in die entsprechenden *To-, Cc-* oder *Bcc*-Felder und klicken dann auf *Send (Senden)*.

Bitte um Empfangsbestätigung

Stellen Sie sich vor, Sie haben eine sehr wichtige Nachricht verfaßt, die unbedingt zugestellt werden muß. Wie können Sie sicherstellen, daß Ihre Nachricht empfangen und gelesen wurde?

Der schnellste und einfachste Weg, Ihre Nerven zu beruhigen, ist, die Option *Receipt Notification (Empfang bestätigen)* auf dem Bildschirm zu wählen. Wenn der Leser Ihre E-Mail öffnet, werden Sie automatisch davon in Kenntnis gesetzt. Viele E-Mail-Pakete bieten diesen Dienst an. Inkompatible Software kann diese Meldung jedoch verhindern.

➜ Überlegen Sie es sich gut, bevor Sie die Option *Receipt Notification* wählen. Manche Menschen könnten das als Mißtrauen in ihre Person auffassen.

Das Senden einer Priority-Nachricht

Bei vielen E-Mail-Programmen kann man Nachrichten mit hoher *(high)*, normaler *(normal)* oder geringer *(low)* Priorität *(priority)* senden. Auf diese Weise kann der Empfänger ersehen, wie dringend die gesendete Nachricht ist.

Überlegen Sie immer gut, mit welcher Dringlichkeitsstufe Sie Ihre Nachricht versenden. Wenn Sie nämlich jede E-Mail mit höchster Priorität versenden, werden die Empfänger die Wichtigkeit der Nachrichten bald in Frage stellen.

Teil 2:
Verfassen Sie Ihre E-Mail-Nachricht

Einer der größten Vorteile von E-Mail ist es, daß Sie mit fast jedem Menschen auf der Welt, dessen PC mit einer E-Mail-Software ausgerüstet ist, kommunizieren können. Eine der größten Herausforderungen von E-Mail ist, daß Sie die Kontrolle darüber verlieren, wenn sie erst einmal gesendet worden ist.

Wenn Sie eine E-Mail verfassen, sollten Sie nicht davon ausgehen, daß nur der eigentliche Empfänger sie lesen wird. Fehler passieren. Sie könnten die falsche Taste drücken und eine private Nachricht an eine Gruppe von Lesern schicken. Oder der beabsichtigte Empfänger könnte die Nachricht an andere Personen oder versteckte Leser weiterleiten.

Vermeiden Sie Probleme, und verbessern Sie die Kommunikation mit allen Lesern, indem Sie sich an die folgenden fünf Regeln für elektronische Kommunikation halten:

Fünf Regeln im Umgang mit E-Mail

1. Schreiben Sie so, daß Ihre Mutter den Text lesen könnte.

Unabhängig davon, wem Sie schreiben, formulieren Sie den Text so, daß jeder ihn lesen könnte. Seien Sie spezifisch, aber schreiben Sie die Nachricht so, als ob Ihr Chef, die Medien oder Ihre Mutter sie lesen würde. Ist Ihre Nachricht zu persönlich, vertraulich oder wichtig, um sie allgemein zu halten, sollten Sie E-Mail als Kommunikationsform überdenken.

2. Denken Sie im großen Rahmen.

Schreiben Sie spezifisch, sogar technisch, wenn es die Situation erfordert. Bieten Sie immer eine kurze Zusammenfassung am Beginn des Dokuments. Dies bezweckt zweierlei: 1. Jeder Leser, unabhängig davon, ob er technisch geschult ist oder nicht, versteht die Nachricht, und 2. Da diese Zusammenfassung in einer lockeren und verständlichen Sprache verfaßt ist und am Beginn des Dokumentes steht, haben Sie größere Chancen, das Interesse eines Lesers aufrechtzuerhalten, der sich nicht durch einen komplexen, technischen Text durcharbeiten will.

3. Achten Sie auf Rechtschreibung, Grammatik und Interpunktion.

Sie können sicher sein, daß der Leser dies zur Kenntnis nehmen wird.

4. Verwenden Sie eine E-Mail nicht, um Dampf abzulassen.

Wenn Sie sich über etwas oder jemanden geärgert haben, sollten Sie sich ein paar Minuten beruhigen, bevor Sie eine E-Mail aufsetzen. Wenn Sie einmal die *Send*-Taste gedrückt haben, ist es zu spät. Wenn Sie vor Wut schäumen, geben Sie sich 48 Stunden Zeit, um wieder »abzukühlen«. Machen Sie es sich zur Regel, nie etwas zu schreiben, was Sie dem Empfänger nicht auch direkt ins Gesicht sagen würden. Und werden Sie nie obszön, beleidigend oder ausfallend. Ihre Nachricht könnte auf Hunderten, Tausenden oder sogar Millionen Bildschirmen versteckter Leser erscheinen. Möchten Sie, daß all diese Leser Ihre sprachlichen Ausuferungen zu Gesicht bekommen?

5. Beglücken Sie nicht die ganze Welt.

Benützer von E-Mail beklagen sich oft über *Spam*, das elektronische Pendant zu unerwünschten Werbesendungen. Respektieren Sie den elektronischen Raum der anderen – Sie erwarten das ja auch. Senden Sie nur dann eine Mail, wenn es wirklich angebracht ist, und nur an die Personen, die die E-Mail auch wirklich lesen sollten.

Die folgenden Abschnitte werden Ihnen bei der Erstellung von zweckmäßigen E-Mails von Nutzen sein.

Im Laufe eines Arbeitstages erhalten E-Mail-Benutzer womöglich Dutzende, wenn nicht sogar Hunderte von Nachrichten. Dabei wird mit allen Tricks versucht, die Aufmerksamkeit und das Interesse des Lesers zu wecken. Ein Teil Ihrer Aufgabe als Schreiber besteht darin, dafür zu sorgen, daß der Empfänger Ihre Mitteilung öffnet, liest und darauf reagiert.

Eine Betreffzeile (subject line) mit Pfiff kann einen wichtigen Beitrag dazu leisten. Normalerweise wird in der Inbox (Eingang) des E-Mail-Empfängers nur die kurze Betreffzeile jeder eingegangenen Nachricht angezeigt. Schreiber verfassen oft Betreffzeilen, die zu vage oder zu nichtssagend sind, um wirksam zu sein. Mit ein wenig Anstrengung können Sie jedoch lernen, Betreffzeilen zu schreiben, die Ihre E-Mails zu etwas Besonderem machen.

Tips für eingängige Betreffzeilen

■ **Formulieren Sie Ihr Anliegen klar, präzise und anschaulich.**

Eine Betreffzeile mit dem Wortlaut *Vierteljahresergebnisse* macht weit weniger Eindruck als *15% mehr Verkäufe im dritten Quartal*. Eine anschauliche Betreffzeile weckt die Aufmerksamkeit des Lesers, indem sie ihm eine genaue Vorstellung von dem vermittelt, was Sie zu sagen haben, bevor er die Nachricht selbst öffnet und liest.

■ **Denken Sie beim Schreiben der Betreffzeile an Ihre(n) Hauptadressaten, aber übertreiben Sie nicht.**

Widerstehen Sie der Versuchung, Jargon, Akronyme oder technische Begriffe zu verwenden, auch wenn Sie sicher sind, daß der Leser sie verstehen wird.

■ **Denken Sie auch an die »versteckten Leser«.**

Wenn die Nachrichten von einem Leser zum anderen weitergesendet werden, behält man die ursprüngliche Betreffzeile oft bei. Das gibt Ihnen die Gelegenheit, ein breites Publikum von Lesern zu gewinnen, für die die Nachricht anfänglich gar nicht bestimmt war.

■ **Benutzen Sie die Betreffzeile nicht, um Ihre Nachricht übertrieben anzupreisen oder den Leser dazu zu verleiten, Ihr Dokument zu öffnen.**

Ein Empfänger fällt vielleicht einmal auf eine irreführende Betreffzeile herein, doch die nächste Nachricht, die er von Ihnen bekommt, wird er wahrscheinlich ignorieren oder ungelesen löschen.

Eine Betreffzeile für viele Empfänger

Wenn Sie eine einzige Nachricht an mehrere Menschen mit unterschiedlichen Bedürfnissen und Interessen senden, müssen Sie die Betreffzeile so verfassen, daß sie jeden von ihnen anspricht.

Nehmen wir an, Ihr Vorgesetzter bittet Sie, per E-Mail ein Memo an die Mitarbeiter der Buchhaltungs- und der EDV-Abteilung zu schreiben, um sie zur Präsentation einer neuen Buchhaltungssoftware einzuladen. Wenn Ihre Betreffzeile *Präsentation von Buchhaltungssoftware* lautet, werden die Leute in der EDV-Abteilung vermutlich der Ansicht sein, diese Präsentation gehe sie nichts an, und das Memo ungelesen löschen. Eine Betreffzeile mit dem Wortlaut *Technische Perspektiven von Buchhaltungssoftware* hingegen würde wahrscheinlich die Buchhalter verschrecken.

Die Lösung: Schreiben Sie eine Betreffzeile, die für beide Seiten attraktiv ist. *Buchhaltungs-Präsentation und technische Aspekte der neuen Software* wird sicherlich zahlreiche Kollegen aus beiden Abteilungen anlocken.

Da man niemals sicher sein kann, wo eine E-Mail landet – vielleicht am Bildschirm von Kollegen, Vorgesetzten, Kunden, Lieferanten oder anderen – ist es ratsam, in jede wichtige Nachricht eine Grußformel und eine Signatur einzufügen. Dadurch wird es »versteckten« Lesern möglich, den Weg Ihrer Mitteilung nachzuvollziehen, und es ist immer klar, wer der ursprüngliche Sender und der eigentliche Empfänger waren.

Es empfiehlt sich auch, eine Grußformel und eine Signatur einzufügen, wenn Sie Nachrichten weiterleiten. Geben Sie an, für wen die Mitteilung bestimmt ist, erklären Sie in ein oder zwei Zeilen, warum Sie die Nachricht weitergeben, und nennen Sie Ihren Namen. Damit machen Sie deutlich, welche Rolle Sie in der Geschichte des elektronischen Dokuments spielen, gleich, wie oft es schon weitergeleitet wurde.

Ein weiterer Vorteil: Ihre Signatur zeigt das Ende der Nachricht an und erspart dem Leser die Mühe, zum Ende des Bildschirms gehen zu müssen, um zu sehen, ob noch etwas kommt.

Ein Signatur-File erstellen

Viele E-Mail-Programme bieten die Möglichkeit, zu allen Nachrichten eine individuell gestaltete Signatur hinzuzufügen, wodurch es nicht nötig ist, diese jedesmal neu zu tippen. Sie könnten zum Beispiel in jede von Ihnen gesendete Botschaft den Namen und die E-Mail-Adresse Ihrer Firma einfügen, indem Sie ein Signatur-File erstellen, das etwa so lautet:

Brigitte Schöndorf
Schöndorf LKW-Karosserien und Ausstattung
bschoendorf@schoendorf.com

Erregen Sie die Aufmerksamkeit des Lesers: Der Vorspann

Damit ein geschriebenes Dokument – sei es ein elektronisches oder ein herkömmliches – möglichst viel Beachtung findet, muß der Anfang gut sein. Der sogenannte Vorspann, der sich vom ersten Wort des ersten Satzes bis zum Ende des ersten Absatzes erstreckt, ist die beste – und oft auch die einzige – Gelegenheit, die Aufmerksamkeit des Lesers zu erregen.

Ein guter Vorspann zieht den Leser in seinen Bann und veranlaßt ihn dazu, das Dokument bis zum Schluß zu lesen. Wenn der Vorspann gut geschrieben ist, weiß Ihr Leser gleich, was Sie meinen, und er kann sofort entscheiden, ob er weiterlesen, das Dokument zur späteren Durchsicht speichern oder es löschen will.

Welche Rolle spielt der Vorspann?

- Der Vorspann strukturiert Ihre Nachricht. Der Leser weiß genau, warum Sie sie geschrieben haben und ob er weiterlesen möchte.

- Der Vorspann liefert die wichtigsten, interessantesten Informationen gleich am Anfang des Dokuments, oft in der Form einer Schlußfolgerung.

- Der Vorspann faßt zusammen, was in den folgenden Absätzen zu lesen ist.

- Der Vorspann weckt das Interesse des Lesers und hält ihn bei der Stange.

Im folgenden finden Sie zwei Beispiele für einen schlechten Vorspann und Verbesserungsvorschläge.

Schlechter Vorspann 1

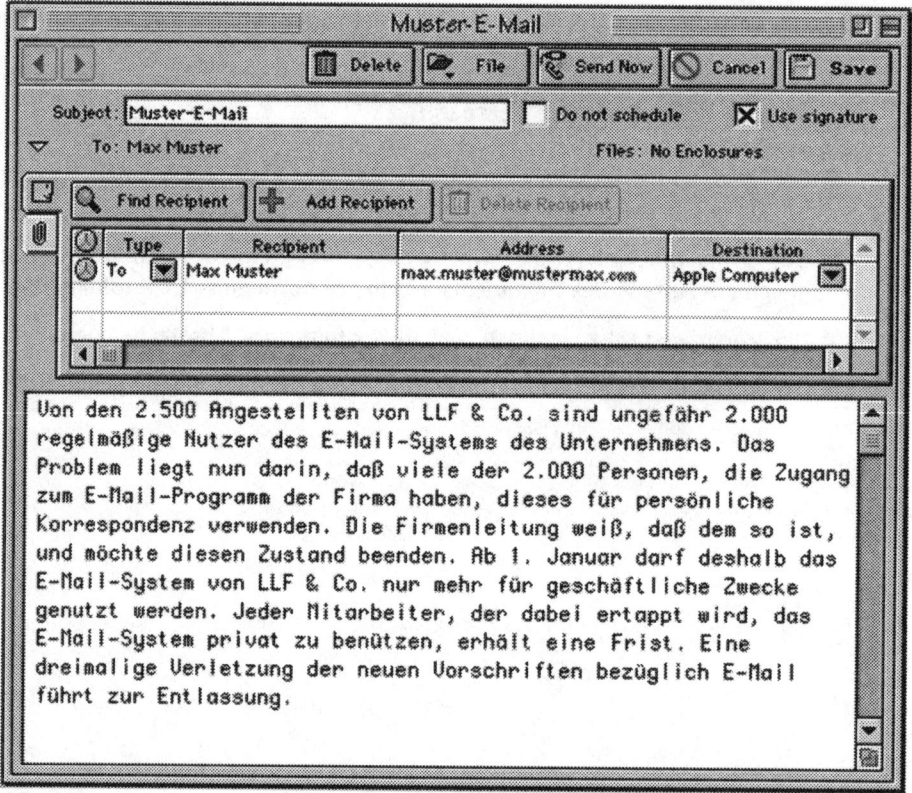

Analyse:

Dieser schwache Vorspann enthält zu viele unwichtige und nebensächliche Informationen, die alle am Anfang des Absatzes zu finden sind. Der Leser erfährt erst in den letzten drei Sätzen, daß die Firma neue, strenge E-Mail-Regeln aufgestellt hat.

Verbesserter Vorspann 1

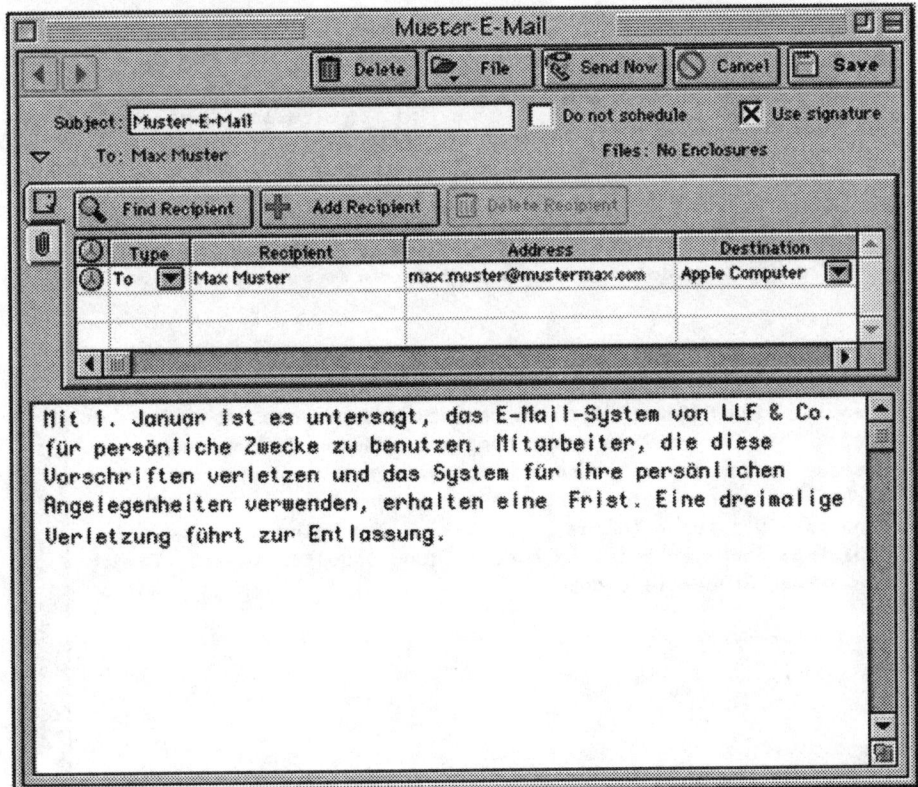

Analyse:

Dieser gute Vorspann teilt dem Empfänger mit, was er wissen muß. Ein vielbeschäftigter Leser weiß sofort, worum es in dieser Nachricht geht.

Schlechter Vorspann 2

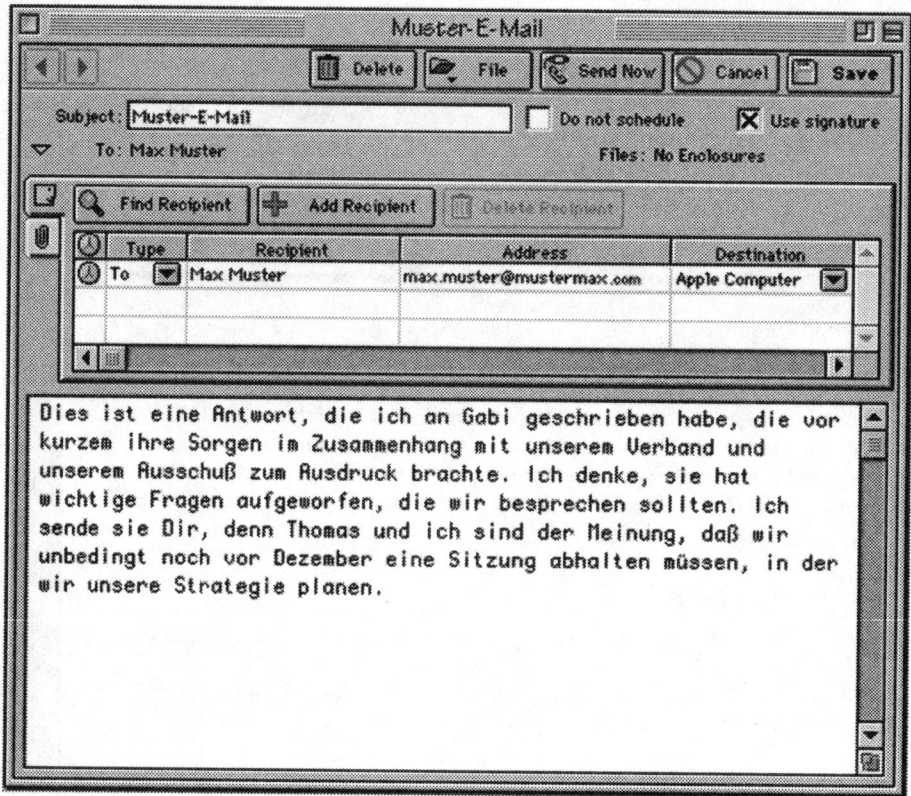

Analyse:

Der Schreiber verschwendet wertvolle Zeit damit, dem Leser die E-Mail zu beschreiben (Dies ist eine Antwort, die ich an Gabi geschrieben habe; ich sende sie Dir, denn), anstatt einfach die Nachricht zu senden. Eine gut geschriebene Botschaft sollte aussagekräftig genug sein, um ohne derartige Einleitungen bestehen zu können.

Verbesserter Vorspann 2

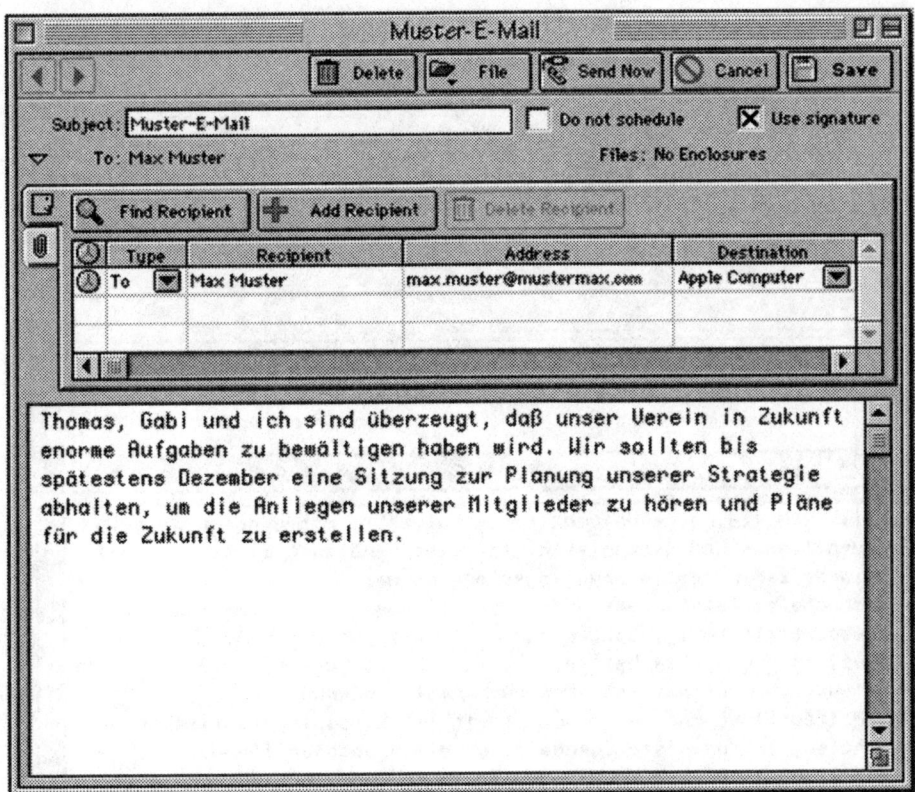

Analyse:

Diese aussagekräftige Einleitung ist viel kürzer als das Original. Dieser knappe Vorspann bringt das Wichtigste auf den Punkt und teilt klar und ohne Umschweife mit, was der Schreiber will.

Schreiben Sie den folgenden – schwachen – Vorspann neu, wobei Sie die wichtigsten Informationen an den Anfang setzen.

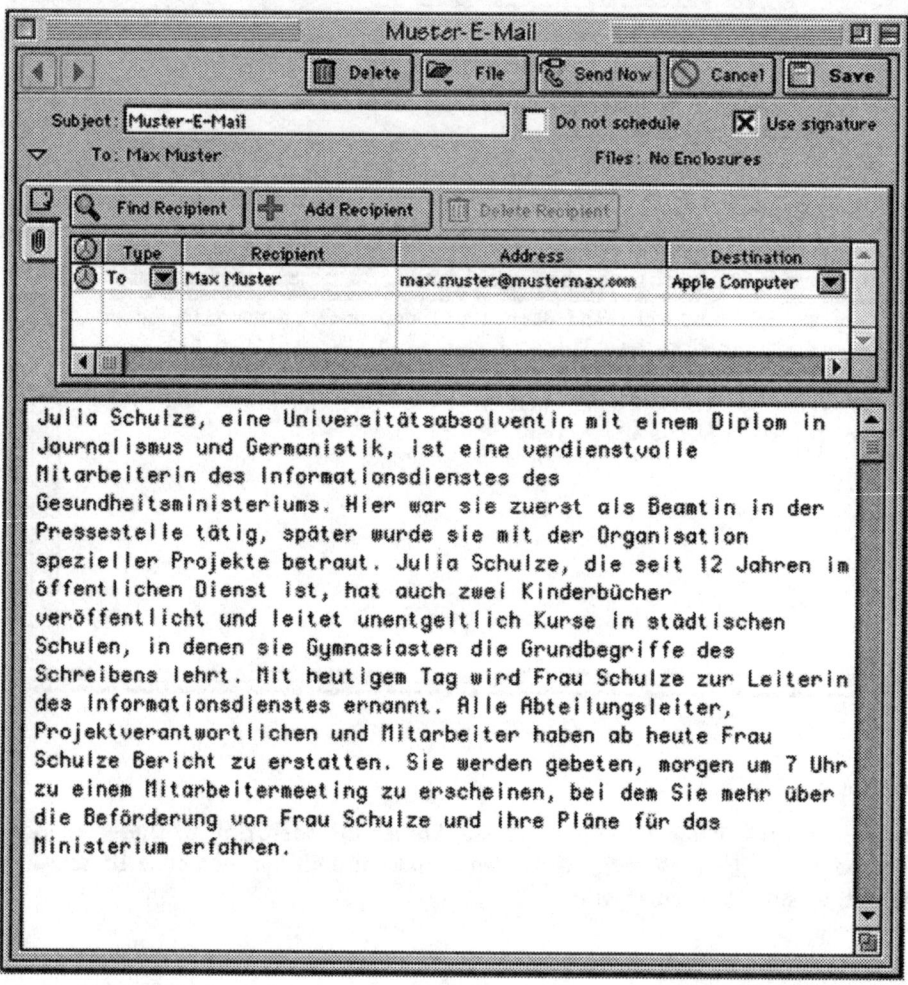

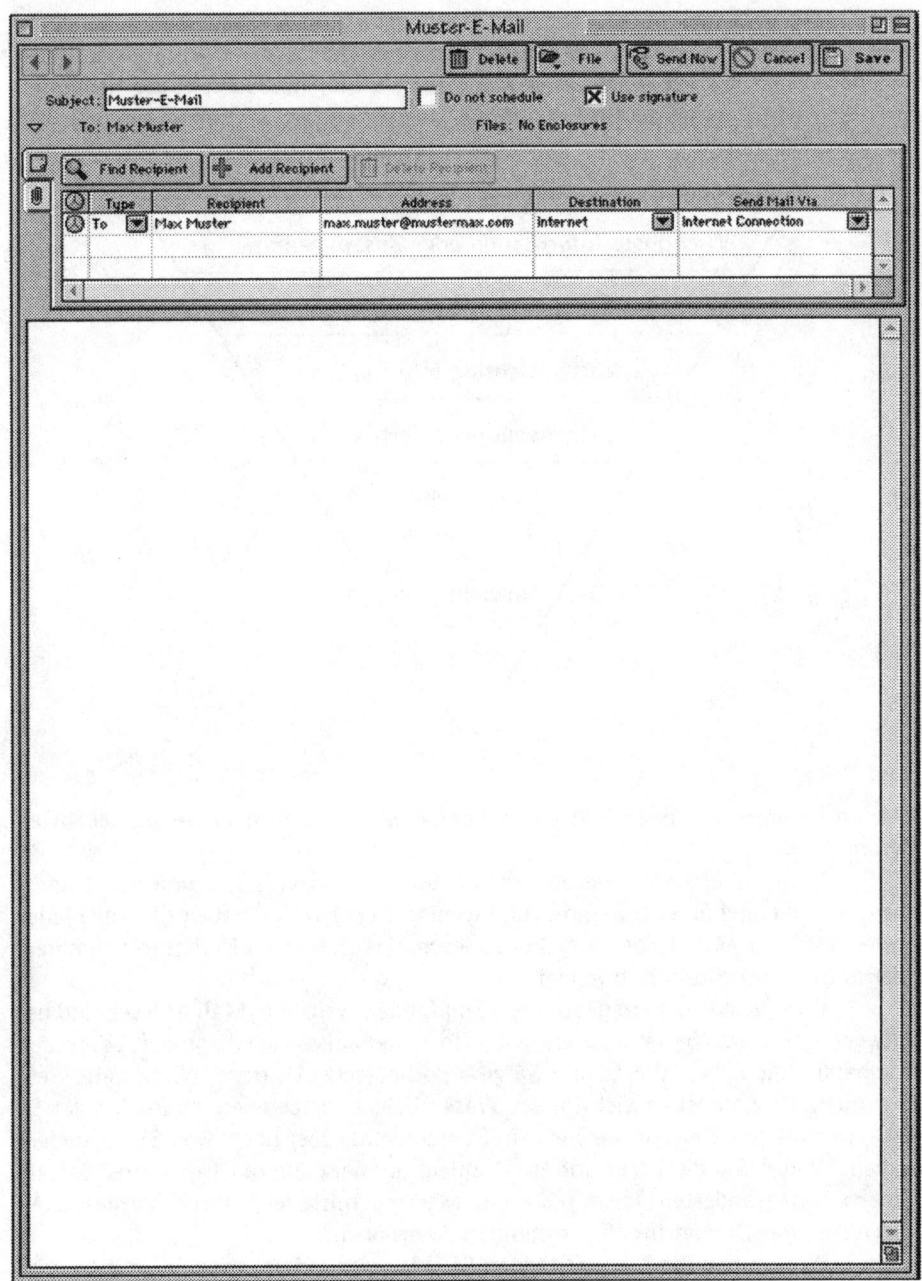

Ein gutes geschäftliches Schriftstück ist als umgekehrte Pyramide strukturiert, bei der die Spitze nach unten zeigt. Die wichtigste Information befindet sich ganz oben, im Vorspann. Danach werden die Informationen in der Reihenfolge ihrer Bedeutung präsentiert, wobei sie immer weniger wichtig werden, je weiter unten sie stehen:

Warum benutzen wir beim Schreiben einer E-Mail das Prinzip der umgekehrten Pyramide?

Im Geschäftsleben werden wir heute mit elektronischen und herkömmlichen Mitteilungen überschwemmt, und wenige Berufstätige haben die Zeit, jedes Memo, jeden Brief und jedes Angebot zu lesen, das über ihren Bildschirm flimmert oder auf ihrem Schreibtisch landet.

Wie entscheidet ein gestreßter Empfänger, welche E-Mail er lesen und beantworten und welche er löschen soll? Normalerweise überfliegt der Leser den Vorspann – die ersten Worte und Sätze – und entscheidet dann, ob er weiterliest oder nicht. Deshalb ist es wichtig, das Wesentlichste gleich oben, zu Beginn der E-Mail, mitzuteilen. Denken Sie vor dem Schreiben darüber nach, was Sie erreichen wollen. Wollen Sie die Leser auf ein Problem aufmerksam machen? Ihren Mitarbeitern den geänderten Termin für ein Meeting mitteilen? Ihren Vorgesetzten überreden, das Budget für Ihre Abteilung zu erhöhen?

Was immer Ihr Ziel ist – sagen Sie klar und präzise, worum es geht, und zwar möglichst weit vorne in Ihrem E-Mail-Dokument, idealerweise im ersten Satz oder im ersten Absatz.

Die umgekehrte Pyramide ist nicht die einzige Möglichkeit zur Strukturierung eines E-Mail-Dokuments, sie ist jedoch zweifellos die wirkungsvollste Methode, um sicherzustellen, daß Ihre Briefe und Memos gelesen und beachtet werden, bevor man sie löscht. Viele Schreiber, die das Verfahren der umgekehrten Pyramide nicht kennen, bauen ihr Schreiben chronologisch auf. Das Problem bei den meisten chronologischen Dokumenten ist jedoch, daß zuviel Zeit vergeht, bevor der Leser zum Kern der Sache vordringt. Nehmen wir zum Beispiel diesen chronologischen Brief eines Studenten, der einen Job für die Zeit nach seinem Studienabschluß sucht:

☞

Dokument mit chronologischem Aufbau

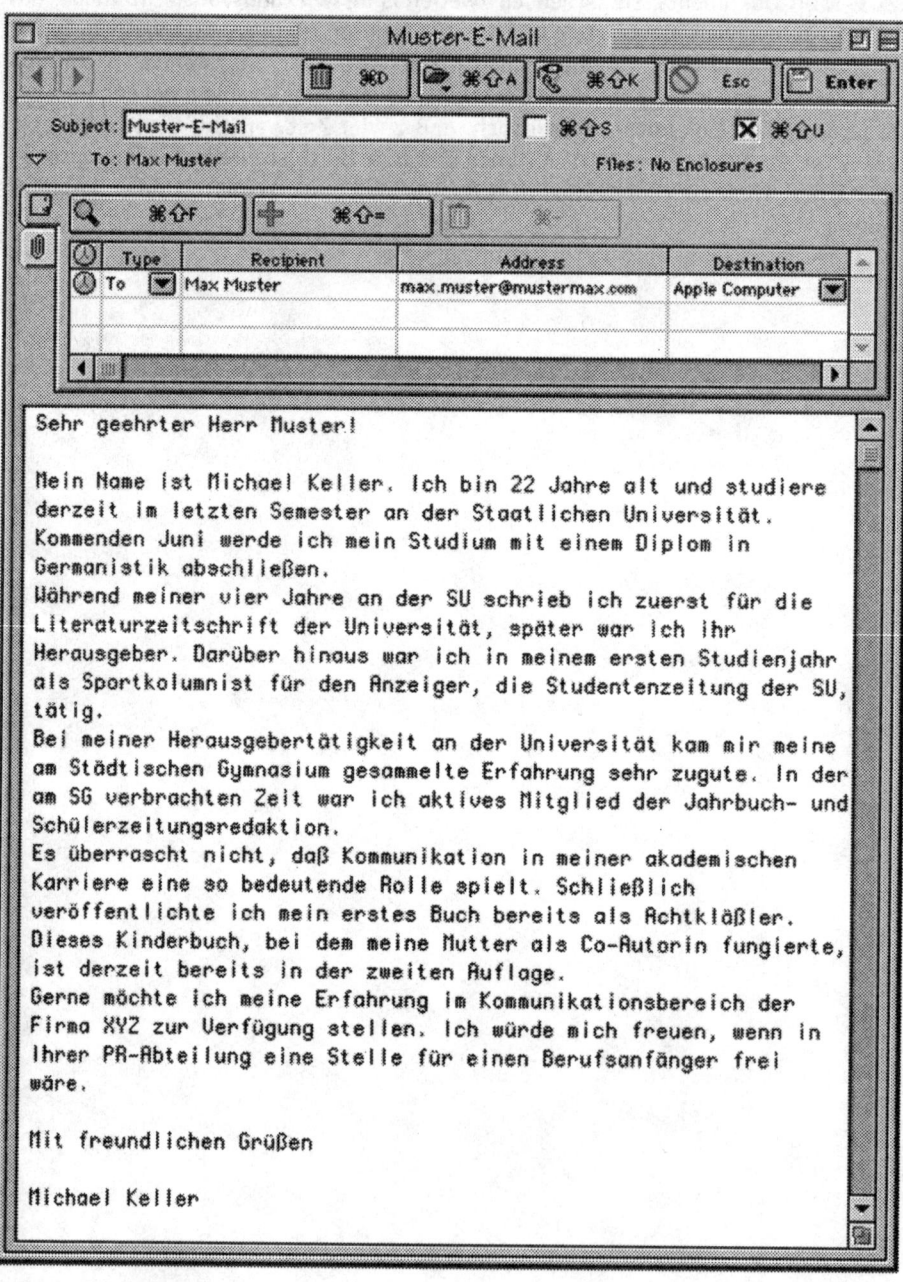

Muster-E-Mail

Subject: Muster-E-Mail

To: Max Muster Files: No Enclosures

Type	Recipient	Address	Destination
To ▼ Max Muster		max.muster@mustermax.com	Apple Computer ▼

Sehr geehrter Herr Muster!

Mein Name ist Michael Keller. Ich bin 22 Jahre alt und studiere derzeit im letzten Semester an der Staatlichen Universität. Kommenden Juni werde ich mein Studium mit einem Diplom in Germanistik abschließen.
Während meiner vier Jahre an der SU schrieb ich zuerst für die Literaturzeitschrift der Universität, später war ich ihr Herausgeber. Darüber hinaus war ich in meinem ersten Studienjahr als Sportkolumnist für den Anzeiger, die Studentenzeitung der SU, tätig.
Bei meiner Herausgebertätigkeit an der Universität kam mir meine am Städtischen Gymnasium gesammelte Erfahrung sehr zugute. In der am SG verbrachten Zeit war ich aktives Mitglied der Jahrbuch- und Schülerzeitungsredaktion.
Es überrascht nicht, daß Kommunikation in meiner akademischen Karriere eine so bedeutende Rolle spielt. Schließlich veröffentlichte ich mein erstes Buch bereits als Achtkläßler. Dieses Kinderbuch, bei dem meine Mutter als Co-Autorin fungierte, ist derzeit bereits in der zweiten Auflage.
Gerne möchte ich meine Erfahrung im Kommunikationsbereich der Firma XYZ zur Verfügung stellen. Ich würde mich freuen, wenn in Ihrer PR-Abteilung eine Stelle für einen Berufsanfänger frei wäre.

Mit freundlichen Grüßen

Michael Keller

Analyse:

Dieser chronologische Brief ist im Stil des *geheimnisvollen Schreibers* verfaßt. Erst im letzten Absatz erfährt der Personalmanager, was Michael will. Er setzt voraus, daß der Personalmanager zu Ende lesen wird. Angesichts der schwachen Einleitung und der für die chronologische Schreibweise typischen Langweiligkeit ist dies jedoch sehr unwahrscheinlich, und Michael pokert sehr hoch, wenn er diese E-Mail an einen gestreßten Personalmanager schickt.

Dokument mit der Struktur einer umgekehrten Pyramide

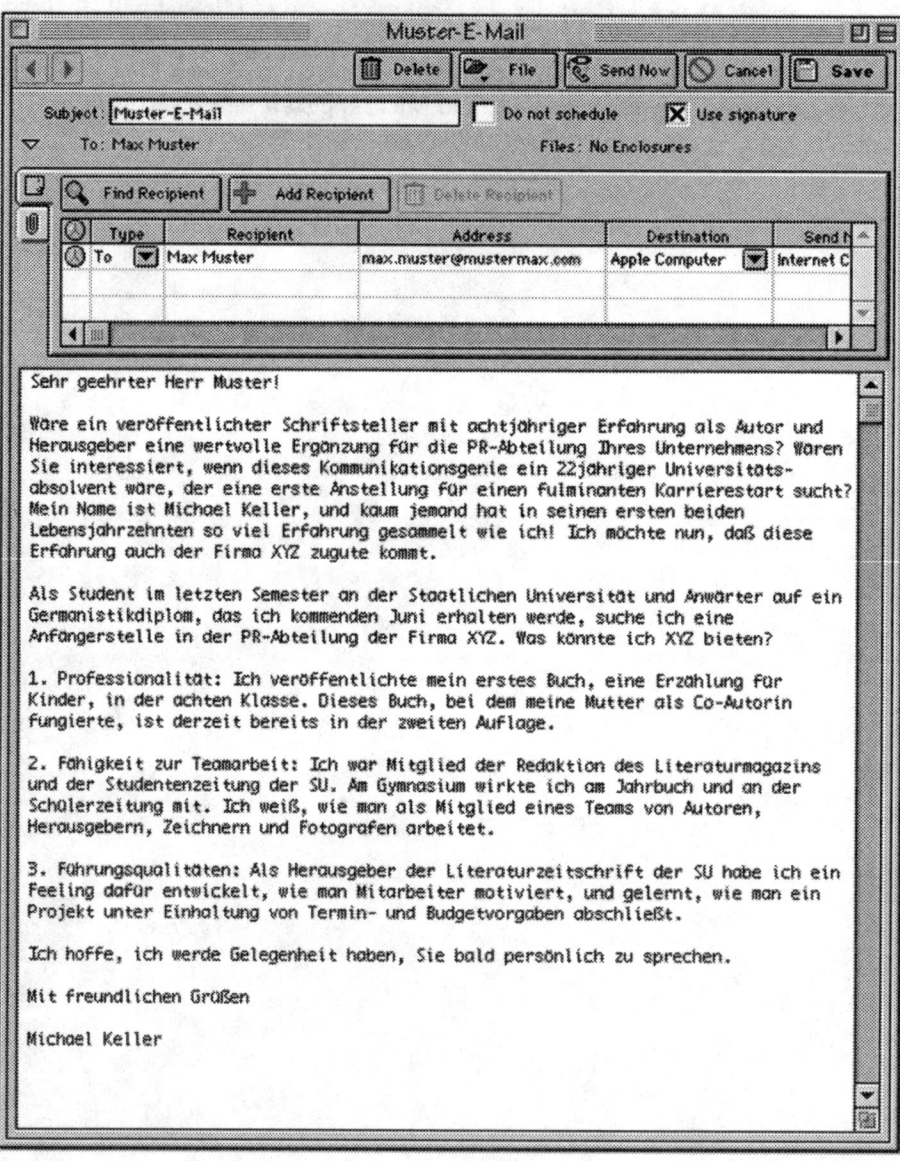

Muster-E-Mail

Delete | File | Send Now | Cancel | Save

Subject: Muster-E-Mail   Do not schedule   ☒ Use signature
To: Max Muster   Files: No Enclosures

Find Recipient | Add Recipient | Delete Recipient

Type	Recipient	Address	Destination	Send N
To ▼	Max Muster	max.muster@mustermax.com	Apple Computer ▼	Internet C

Sehr geehrter Herr Muster!

Wäre ein veröffentlichter Schriftsteller mit achtjähriger Erfahrung als Autor und Herausgeber eine wertvolle Ergänzung für die PR-Abteilung Ihres Unternehmens? Wären Sie interessiert, wenn dieses Kommunikationsgenie ein 22jähriger Universitäts-absolvent wäre, der eine erste Anstellung für einen fulminanten Karrierestart sucht? Mein Name ist Michael Keller, und kaum jemand hat in seinen ersten beiden Lebensjahrzehnten so viel Erfahrung gesammelt wie ich! Ich möchte nun, daß diese Erfahrung auch der Firma XYZ zugute kommt.

Als Student im letzten Semester an der Staatlichen Universität und Anwärter auf ein Germanistikdiplom, das ich kommenden Juni erhalten werde, suche ich eine Anfängerstelle in der PR-Abteilung der Firma XYZ. Was könnte ich XYZ bieten?

1. Professionalität: Ich veröffentlichte mein erstes Buch, eine Erzählung für Kinder, in der achten Klasse. Dieses Buch, bei dem meine Mutter als Co-Autorin fungierte, ist derzeit bereits in der zweiten Auflage.

2. Fähigkeit zur Teamarbeit: Ich war Mitglied der Redaktion des Literaturmagazins und der Studentenzeitung der SU. Am Gymnasium wirkte ich am Jahrbuch und an der Schülerzeitung mit. Ich weiß, wie man als Mitglied eines Teams von Autoren, Herausgebern, Zeichnern und Fotografen arbeitet.

3. Führungsqualitäten: Als Herausgeber der Literaturzeitschrift der SU habe ich ein Feeling dafür entwickelt, wie man Mitarbeiter motiviert, und gelernt, wie man ein Projekt unter Einhaltung von Termin- und Budgetvorgaben abschließt.

Ich hoffe, ich werde Gelegenheit haben, Sie bald persönlich zu sprechen.

Mit freundlichen Grüßen

Michael Keller

Analyse:

Dieser E-Mail-Brief hat das gewisse Etwas. Michael macht in den ersten beiden Absätzen klar, daß er eine Berufsanfängerstelle in der PR-Abteilung sucht. Und dank seines außergewöhnlichen und wirkungsvollen Vorspanns hebt er sich von allen anderen Universitätsabsolventen ab, die einen Fuß in die Tür von XYZ bekommen möchten.

Drei einfache Schritte für den schwierigen Anfang

Für viele Menschen ist der schwierigste Teil beim Schreiben der Anfang. Der Gedanke, nun die ersten Worte des so wichtigen Einleitungssatzes tippen zu müssen, lähmt viele Schreiber. Doch lassen Sie sich nicht von einem leeren Bildschirm einschüchtern! Mit dem folgenden, dreistufigen Trick fällt Ihnen der Beginn ganz leicht:

1. Beginnen Sie Ihren Einleitungssatz mit einer abgedroschenen Phrase wie z. B. »Der Zweck dieses Memos ist«, oder »Ich schreibe Ihnen heute, weil«, oder »In Antwort auf Ihre E-Mail vom 1. April« oder »Ich danke Ihnen für«.

2. Vervollständigen Sie den ersten Satz, indem Sie Ihre eigentliche Botschaft an die Phrase anschließen, die Sie gewählt haben, um den Schreibprozeß in Gang zu bringen. Schreiben Sie Ihr Dokument. Achten Sie dabei auf die umgekehrte Pyramide.

3. Wenn Sie fertig sind, kehren Sie zum ersten Satz zurück und ersetzen Ihre Einleitungsphrase durch einen flotten, Aufmerksamkeit erregenden Satz. Bringen Sie eventuell notwendige Änderungen am Rest des Dokuments an.

Das Ergebnis ist ein Einleitungssatz, der die Aufmerksamkeit des Lesers erregt, eben weil er nicht mit einem der öden Gemeinplätze beginnt, die der Empfänger wieder und wieder am Bildschirm gesehen hat.

Beispiel

Stufe 1   Der Zweck dieser E-Mail ist es,

Stufe 2   Der Zweck dieser E-Mail ist es, Ihnen mitzuteilen, daß wir meiner Meinung nach die Werbeagentur wechseln müssen. Unser Marktanteil ist in den letzten neun Monaten um 29% gesunken, und die Werbeagentur hat keinerlei Lösungen angeboten. Wir sollten in der Ausschußsitzung nächste Woche darüber diskutieren.

Stufe 3   Wir müssen die Werbeagentur wechseln. Unser Marktanteil ist in den letzten neun Monaten um 29% gesunken, und die Werbeagentur hat keinerlei Lösungen angeboten. Wir sollten in der Ausschußsitzung nächste Woche darüber diskutieren.

Teil 3:
Der Schlüssel zu einer
erfolgreichen E-Mail

Der Schlüssel zu einer erfolgreichen E-Mail

Das Verfassen von elektronischen Dokumenten unterscheidet sich in vielen Dingen nicht von anderer Geschäftskorrespondenz: Die Briefe müssen klar, präzise und höflich formuliert sein. Eine E-Mail kann zwar »sofort« zugestellt werden, man muß jedoch trotzdem eine Reihe von Dingen beachten, um ein Dokument erstellen zu können und die Aufmerksamkeit des Lesers nicht zu verlieren. Wenn Sie dieses Kapitel lesen und die Übungen machen, werden Sie in der Lage sein, E-Mails zu verfassen, die nicht im elektronischen Papierkorb landen.

■ Kurze Sätze sind einfacher zu schreiben, zu lesen und zu verstehen. Lange Sätze dagegen sind schwierig zu lesen, und teilweise hat man damit beim Lesen auf dem PC-Bildschirm Probleme.

■ Lange Sätze erfordern vom Schreiber Grammatik- und Interpunktionskenntnisse. Ein gehetzter Leser von E-Mails wird ein verwirrendes, vor Fehlern strotzendes Dokument eher löschen, als es zu korrigieren, um die Bedeutung zu entschlüsseln.

■ Bei langen Sätzen überliest man Ideen leicht. Erinnern Sie sich an die umgekehrte Pyramide? Erläutern Sie die Quintessenz Ihrer Botschaft gleich von Anfang an in kurzen, klaren Sätzen.

■ Beschränken Sie die meisten Sätze auf eine wichtige Idee, und behandeln Sie pro E-Mail nicht mehr als drei Hauptpunkte.

Lange, stark interpunktierte Sätze stellen hohe Anforderungen an die Konzentrationsfähigkeit des Lesers. Bis er endlich verstanden hat, worum es geht, könnte er die Nachricht schon längst gelöscht haben.

Beginnen Sie damit, daß Sie all das, was Sie in dem Dokument mitteilen möchten, einmal aufschreiben. Danach unterstreichen Sie die wichtigsten Punkte und versuchen, den Text umzuschreiben. Das Ergebnis ist eine kurze, verständliche E-Mail.

Übung

Die folgenden Sätze sind zu lang. Unterstreichen Sie die wichtigsten Punkte, und verfassen Sie einen kurzen, lesbaren Text.

1.

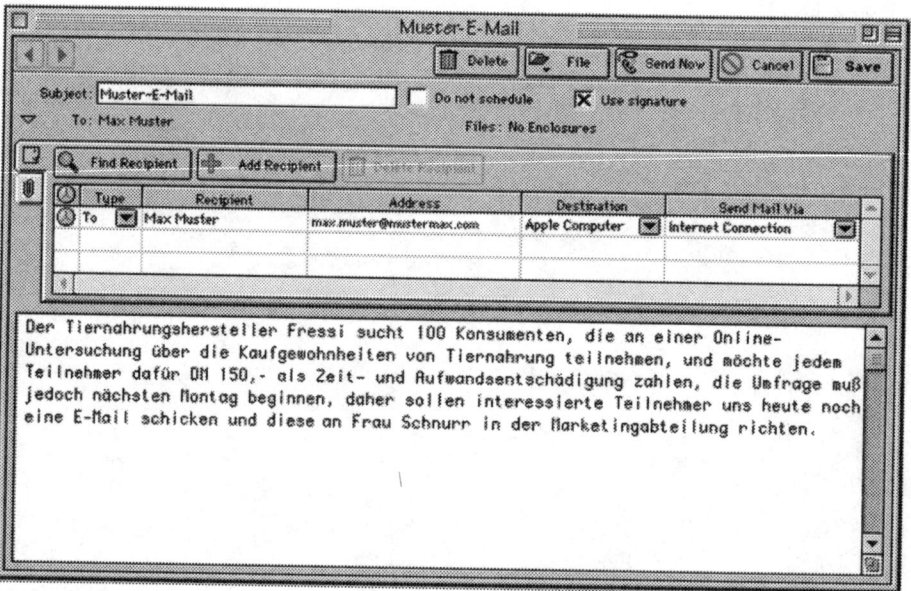

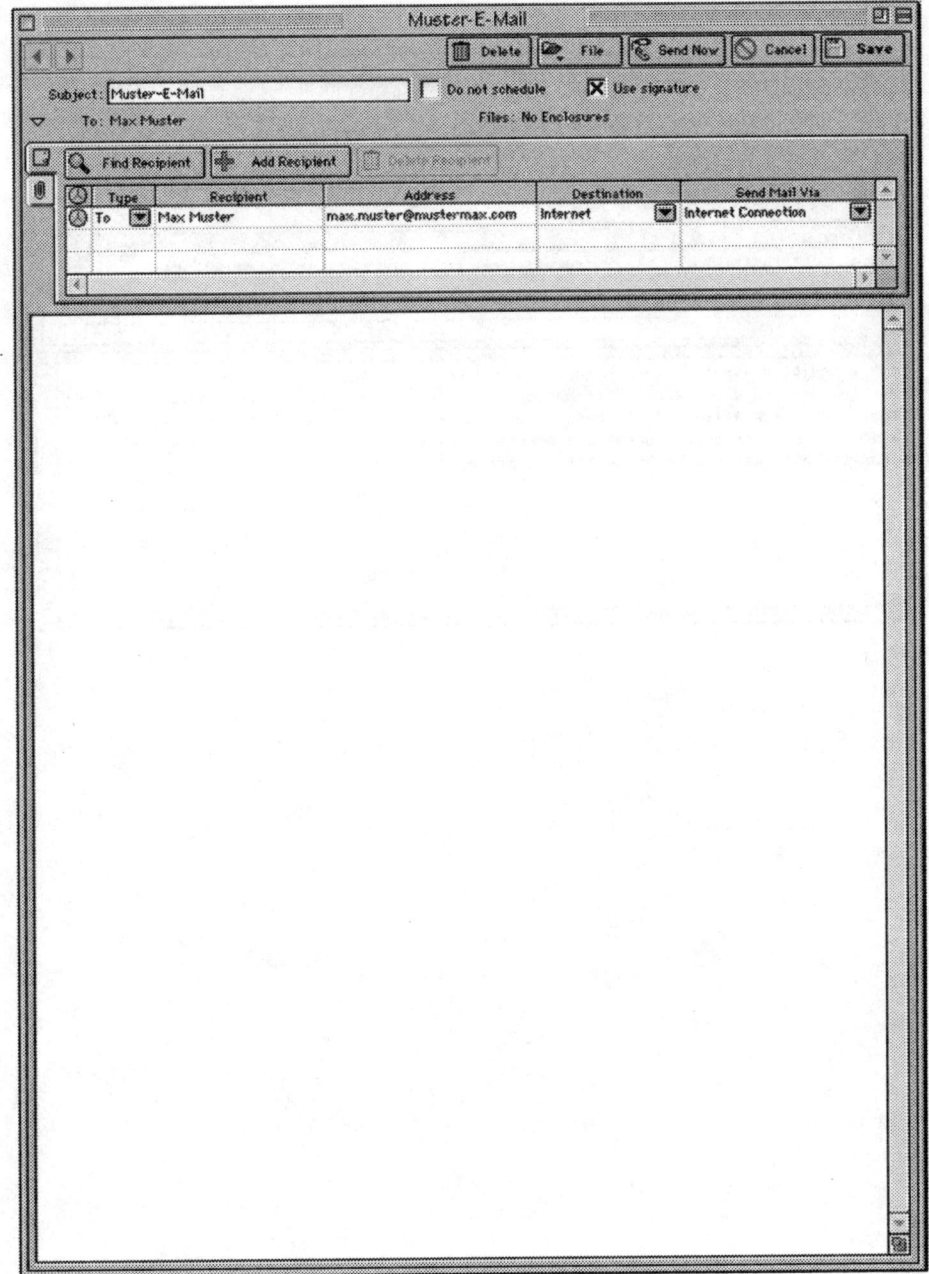

2.

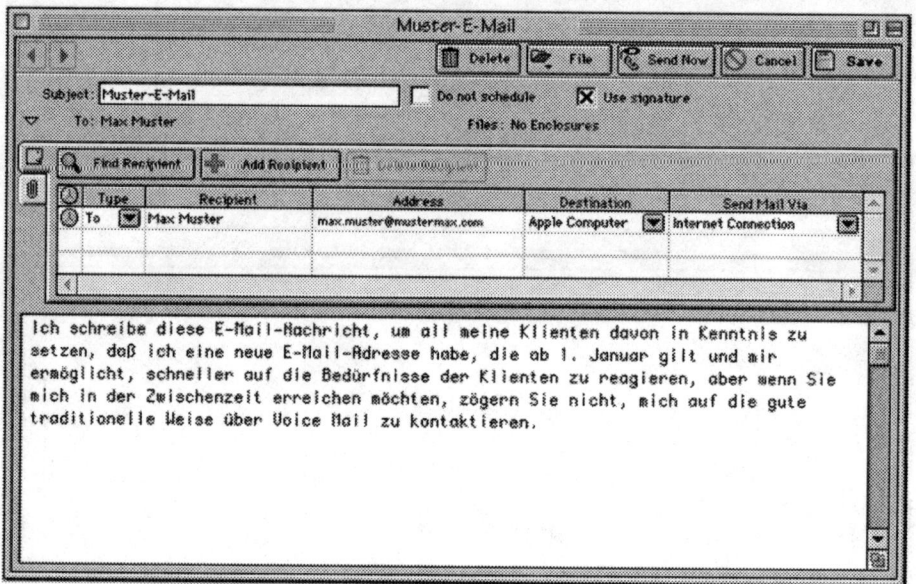

Ich schreibe diese E-Mail-Nachricht, um all meine Klienten davon in Kenntnis zu
setzen, daß ich eine neue E-Mail-Adresse habe, die ab 1. Januar gilt und mir
ermöglicht, schneller auf die Bedürfnisse der Klienten zu reagieren, aber wenn Sie
mich in der Zwischenzeit erreichen möchten, zögern Sie nicht, mich auf die gute
traditionelle Weise über Voice Mail zu kontaktieren.

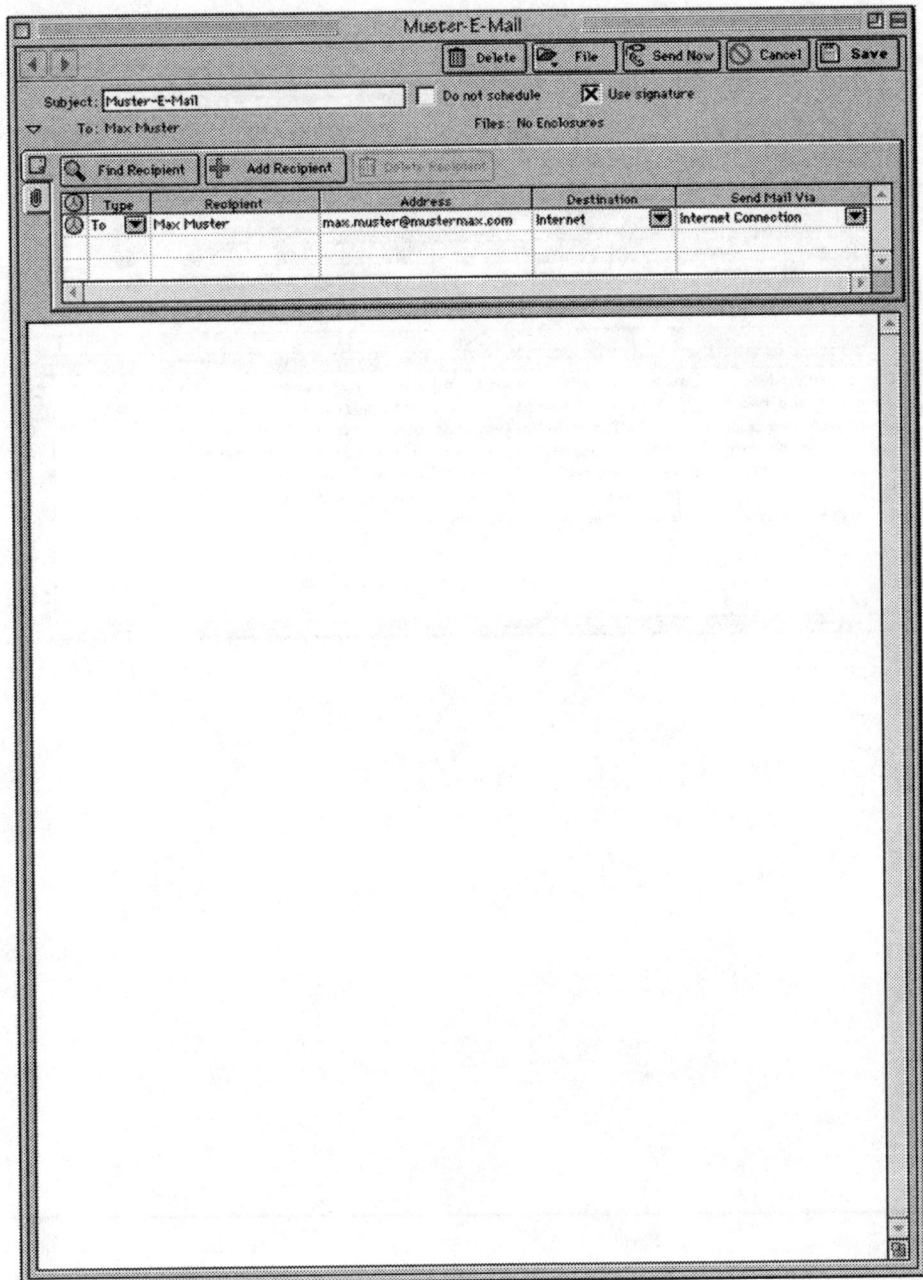

3.

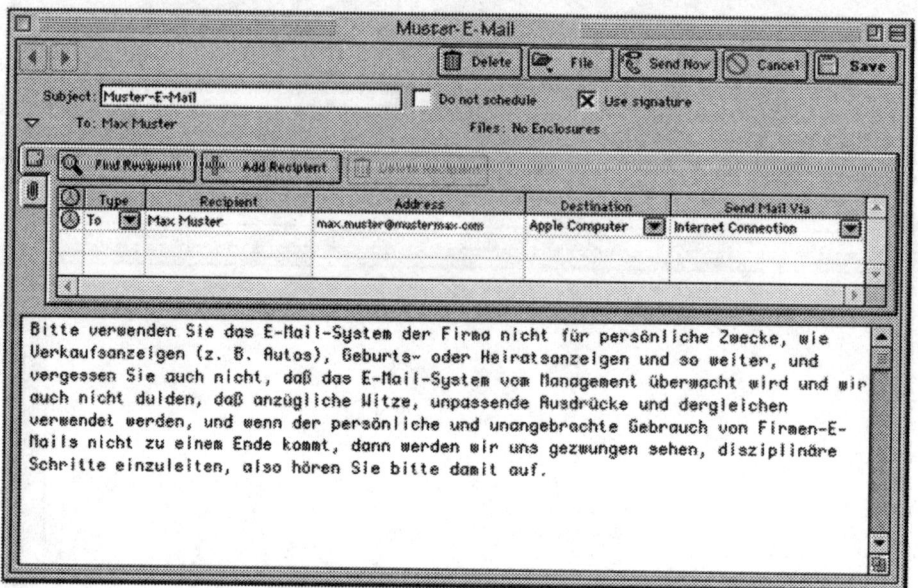

Bitte verwenden Sie das E-Mail-System der Firma nicht für persönliche Zwecke, wie Verkaufsanzeigen (z. B. Autos), Geburts- oder Heiratsanzeigen und so weiter, und vergessen Sie auch nicht, daß das E-Mail-System vom Management überwacht wird und wir auch nicht dulden, daß anzügliche Witze, unpassende Ausdrücke und dergleichen verwendet werden, und wenn der persönliche und unangebrachte Gebrauch von Firmen-E-Mails nicht zu einem Ende kommt, dann werden wir uns gezwungen sehen, disziplinäre Schritte einzuleiten, also hören Sie bitte damit auf.

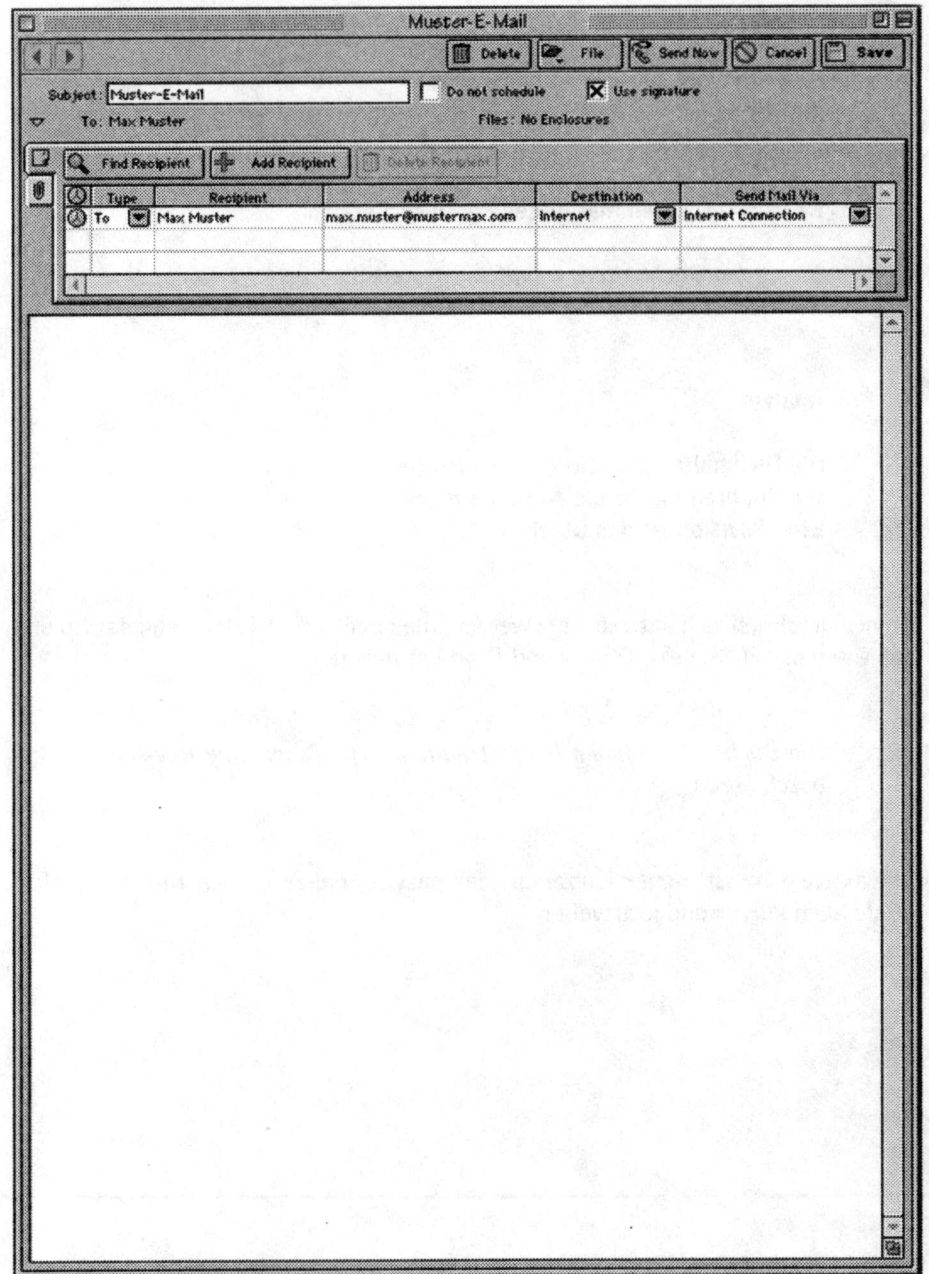

Geschäftsbriefe sollten im allgemeinen immer im Aktiv und nicht im Passiv geschrieben werden. Durch die Verwendung des Aktiv gelingen Ihnen Sätze, die kurz, verständlich und einfach zu lesen sind.

Sind Sie sich nicht sicher, was ein Aktivum ausmacht, dann fragen Sie sich ganz einfach: »*Wer macht was mit wem?*«, und konzentrieren sich auf diese drei Ws.

Betrachten Sie einmal diesen passiven Satz:

Es ist den Buchhaltern möglich, im Zeitraum von 30 Tagen eine Revision durchzuführen.

Analyse:

Die **Buchhalter** sind die Agierenden **(wer)**.
Durchführen macht die **Aktion** aus **(was)**.
Eine **Revision** ist das **Objekt (was)**.

Im neu geschriebenen aktiven Satz werden alle unnötigen Wörter weggelassen und das Gewicht auf Subjekt, Objekt und Prädikat gelegt.

Die Buchhalter können im Zeitraum von 30 Tagen eine Revision durchführen.

Der aktive Satz ist immer kürzer als der passive, daher werden Ihre Geschäftsbriefe auch kürzer und kraftvoller.

Übung

Schreiben Sie diese passiven Sätze in aktive um, und lassen Sie alle unnötigen Wörter weg. Ihr Ziel lautet, diesen schwachen Satzkonstruktionen Leben einzuhauchen.

1. In der Zwischenzeit sollte das Memo bei all denen angekommen sein, die dafür vorgesehen waren. Daher sollte das Management gegen Ende der Woche von jedem eine Antwort per E-Mail erhalten haben.

2. Angestellte, die sich an die Vorschriften und Abläufe in der Firma halten, sollen vom Management bei einer Leistungsbeurteilung belohnt werden.

3. Weil das Entwenden von Büromaterial zu einem immer größeren Problem in der Zentrale wird, suchte der Personalchef nach Möglichkeiten, die Ehrlichkeit eines Jobbewerbers festzustellen.

Der Schlüssel zu einer erfolgreichen E-Mail

Bevor Sie mit dem Schreiben anfangen, sollten Sie über folgende fünf Ws nachdenken:

■ **Wem** *schreiben Sie?* Wieviel weiß der Leser über Ihr Thema? Hat dieser Mensch Vorurteile, die einen Einfluß auf die Akzeptanz des Inhaltes haben könnten? Welche Meinung hat der Leser von Ihnen? Wie erfahren ist der Leser im Umgang mit E-Mail? Welche Schritte müssen unternommen werden, um den Leser zum Handeln zu bringen?

■ **Was** *ist der Hauptzweck Ihrer E-Mail?* Versuchen Sie einen Leser zu überreden, zur Tat zu schreiten? Informieren Sie ihn über ein Problem oder ein Ereignis, oder möchten Sie ihm eine Antwort entlocken?

■ **Wann** *und* **wo** passiert das Ganze? Muß sich der Leser über eine Deadline Sorgen machen? Wie steht es um die Logistik? Müssen Sie ihm eine Adresse, einen Konferenztermin oder eine Wegbeschreibung bekanntgeben? Bevor Sie mit dem Schreiben beginnen, sollten Sie alle Fakten sammeln, die der Leser zur Entscheidungsfindung benötigt.

■ **Warum** *sollte der Leser Ihre E-Mail-Nachricht wichtig nehmen?* Wie sehr interessiert den Leser Ihr Thema? Hat der Leser Vorteile, wenn er auf Ihre Nachricht reagiert? Gibt es für ihn negative Folgen, wenn er es nicht tut? Welche Informationen benötigt der Leser, um eine Entscheidung fällen zu können? Denken Sie darüber nach, wie der Empfänger Ihre Nachricht auffassen könnte, und streichen Sie Vorteile daher gleich zu Beginn des Briefes heraus.

Bei geschäftlicher Korrespondenz ist ein professioneller und doch umgangssprachlicher Ton am effektivsten. Wie erreichen Sie das? Stellen Sie sich vor, Sie befinden sich auf einer geschäftlichen Cocktailparty mit Kollegen, Vorgesetzten und Kunden. Wie würden Sie sprechen? Welche Form der Sprache würden Sie wählen? Sie würden einen Konversationston anschlagen und doch professionell bleiben, eine Sprache verwenden, die jeder versteht. Wenn Sie ein Schriftstück verfassen, sollten Sie den gleichen Sprachtypus einfließen lassen.

Hier zwei Regeln, um den richtigen Ton zu finden:

■ **Abkürzungen sind nicht schlecht.** Außer wenn Sie ein besonders formelles Dokument verfassen, können Sie ruhig Abkürzungen verwenden. Wir benützen Abkürzungen in der gesprochenen Geschäftssprache, daher spricht nichts dagegen, sie auch schriftlich einzusetzen.

■ **Die Worte Ich, Wir und Sie gehören in einen Geschäftsbrief.** Der Zweck der meisten E-Mails ist, den Leser zu bewegen, Schritte zu unternehmen. Eine Überredung erfordert menschliche Verbundenheit. Es ist schwierig, diese aufzubauen, wenn Sie in Ihrem Schreiben alle Fürwörter eliminieren.

Vermeiden Sie umgangssprachliche Fallen

■ Humor

Nur falls Sie ein professioneller Spaßmacher sind, sollten Sie Witze oder firmeninterne Späßchen in Ihren elektronischen Brief einbauen. Eine E-Mail ist ein unpersönliches Medium, mit dem weder Gesichtsausdruck noch Körpersprache vermittelt werden können. Wenn Sie unbedingt etwas Humorvolles einbringen müssen, sollten Sie daneben ein Smiley-Zeichen (siehe Seite 62) oder ein Akronym (siehe Seite 56) anfügen, damit der Leser versteht, was Sie meinen. Vergessen Sie jedoch nicht, daß nicht jeder Benützer von E-Mail mit diesen Anmerkungen vertraut ist – setzen Sie diese daher sparsam und überlegt ein.

■ Technische Ausdrücke

Senden Sie eine technische E-Mail an Menschen, die Ihr Fachwissen teilen, ist es höchstwahrscheinlich in Ordnung, technische Ausdrücke zu verwenden. Sie haben deswegen jedoch noch keinen Freibrief, langweilige und unlesbare Nachrichten zu verfassen. Auch wenn es um technische Dinge geht, gelten die allgemeinen Regeln: Schreiben Sie im Aktivum, vermeiden Sie unnötige Wörter, beachten Sie die Grammatik, und denken Sie während des Schreibens immer an den Leser.

■ Abkürzungen

Verwenden Sie bekannte Abkürzungen zur Kürzung einer E-Mail nur, wenn der Leser diese auch kennt und versteht. Übertreiben Sie es aber nicht. Zu viele Abkürzungen erschweren die Lesbarkeit eines Briefes. Klären Sie wenig gebräuchliche Abkürzungen gleich zu Beginn, indem Sie in Klammern die ganze Wortgruppe schreiben. Erst dann verwenden Sie die Abkürzung im restlichen Teil der E-Mail.

■ Akronyme

Akronyme haben sich ihren Weg in die Welt der E-Mails gebahnt. Falls Sie jedoch den geringsten Zweifel haben, daß der Empfänger Ihrer Nachricht Akronyme versteht, verwenden Sie keine.

Beliebte Akronyme

■ Abkürzung	■ steht für:	■ bedeutet etwa:
AFAIK	as far as I know	soweit ich weiß
ASAP	as soon as possible	so bald wie möglich
BTW	by the way	übrigens
CU	see you	wir sehen uns
CUL	see you later	bis später
F2F	face to face	von Angesicht zu Angesicht
FAQ	frequently asked question	häufig gestellte Frage
FOAF	friend of a friend	Freund eines Freundes
FTASB	faster than a speeding bullet	schneller als eine Kanonenkugel
FYA	for your amusement	zu deinem Vergnügen
FYEO	for your eyes only	nur für deine Augen
FYI	for your information	zu deiner Information
GO	get off	verschwinde aus der Leitung
HHOK	ha-ha, only kidding	ha ha, nur Spaß
HTH	hope that helps	hoffe, das hilft
IMHO	in my humble opinion	meiner bescheidenen Meinung nach
IOW	in other words	mit anderen Worten
KISS	keep it simple and stupid	halte es so einfach wie möglich
LOL	laughing out loud	da kann ich nur lachen
NLT	no later than	nicht später als
OBTW	oh, by the way	oh, übrigens
OIC	oh, I see	ich verstehe

Abkürzung	steht für:	bedeutet etwa:
ONNA	oh not, not again	nicht schon wieder
OT	off topic	gehört nicht zum Thema
OTOH	on the other hand	andererseits
PLS	please	bitte
PRES	presentation	Präsentation
QTYS	quantities	Mengen
RECD	received	erhalten
RGDS	regards	Grüße
ROTF	rolling on the floor	ich wälze mich am Boden
ROTFL	rolling on the floor laughing	ich krümme mich vor Lachen
SNCR	sorry, could not resist	Entschuldigung, konnte nicht widerstehen
THX	thanks	danke
TIA	thanks in advance	danke im voraus
TMRW	tomorrow	morgen
TTYL	talk to you later	wir sprechen später
WRT	with regards to	Grüße an
WT	without thinking	ohne nachzudenken
WTTM	without thinking too much	ohne lange nachzudenken
YR	your	dein/deine

Eine böswillige E-Mail-Nachricht, die derb, unhöflich, unsensibel oder obszön ist, nennt man im E-Mail-Jargon *Flame*.

Flames können ganz schnell entstehen, indem durch eine E-Mail erzürnte Menschen schnell und verärgert antworten. Das kann in einen wahren Beschimpfungskrieg ausarten und auch andere Menschen in den Konflikt hineinziehen. Ein Flame ist typisch für E-Mail-Nachrichten. Bei der langsamen Geschwindigkeit der traditionellen Post kommen solche übersteigerten Reaktionen kaum vor. Bevor Sie ein Flame senden, stellen Sie sich folgende Fragen:

■ *Würden Sie das der Person auch direkt ins Gesicht sagen?*

Falls nicht, sollten Sie die E-Mail nicht schicken.

■ *Wäre es Ihnen peinlich, wenn diese Nachricht von Ihrem Chef, einem Kunden, Kollegen oder einer anderen Person gelesen würde, deren Meinung für Sie wichtig ist?*

Falls ja, löschen Sie alle böswilligen Worte heraus.

■ *Wäre es möglich, daß die Flame-Nachricht, die Sie erhalten haben, einfach nur ein schlechter Scherz ist?*

Falls Sie nur den geringsten Zweifel haben, nehmen Sie das Beste an.

Halten Sie den Drang, ein Flame zu schreiben, unter Kontrolle!

■ **Halten Sie Ihre Emotionen unter Kontrolle.** Auch wenn Sie die Möglichkeit haben, auf eine beleidigende E-Mail-Nachricht zu antworten, sollten Sie es nicht tun. Verlassen Sie kurz Ihren Arbeitsplatz, und kehren Sie erst wieder an den PC zurück, wenn Sie sich beruhigt haben.

■ **Verwenden Sie nie eine obszöne oder beleidigende Sprache in E-Mail-Nachrichten.**

■ **Schreiben Sie Ihre Antwort besonnen, und lesen Sie Ihre Nachricht noch einmal sorgfältig durch, bevor Sie sie senden.** Je mehr Distanz zwischen einem Flame und Ihrer Antwort liegt, desto geringer ist die Wahrscheinlichkeit, daß Sie ein Flame zurücksenden.

■ **Vermeiden Sie es, andere in den Streit hineinzuziehen.** Wenn Sie auf eine Nachricht reagieren, machen Sie es direkt, und riskieren Sie nicht, andere in einen Beschimpfungskrieg hineinzuziehen.

Teil 4:
Frischen Sie Ihre cybergrammatischen Fähigkeiten auf

Wie bei schriftlichen Nachrichten auf Papier sollten Sie natürlich auch beim Verfassen von E-Mails die Grundregeln von Rechtschreibung, Grammatik und Interpunktion einhalten. Diese gelten nämlich – von einigen Ausnahmen abgesehen – auch im elektronischen Briefverkehr.

Verwendung von Umlauten

Die Verwendung von Umlauten und »ß« ist üblicherweise kein Problem, wenn Ihre E-Mails an Empfänger innerhalb des deutschsprachigen Raumes gesendet werden. Diese werden von allen gängigen Mailprogrammen sowohl richtig versendet als auch von der Software des Empfängers richtig dargestellt. Wenn Sie allerdings häufig Mails mit Adressaten in angloamerikanischen und anderen Ländern austauschen, sollten Sie keine Umlaute verwenden, sondern diese folgendermaßen auflösen:

> Ä/ä → Ae/ae
> Ö/ö → Oe/oe
> Ü/ü → Ue/ue
> ß → ss

Nur so ist gewährleistet, daß der Empfänger Ihre Mails auch wirklich lesen kann und nicht einen unübersichtlichen Zeichensalat vorfindet.

Zeichensetzung

Kommata und Punkte

Bei der Setzung von Beistrichen und Punkten gelten auch im E-Mail-Verkehr die allgemeinen Interpunktionsregeln.

Rufzeichen

Verwenden Sie Rufzeichen sparsam. Das Aneinanderreihen von mehreren Rufzeichen am Ende eines Satzes wirkt unsachlich und aufgeregt. Vor allem im Berufsleben sollte man sich genau überlegen, wo das Setzen eines Rufzeichens angebracht ist. Weniger ist hier meist mehr.

Fragezeichen

Vermeiden Sie die Aneinanderreihung von mehreren Fragezeichen am Ende eines Satzes. Eines reicht üblicherweise bereits aus, den Frage-Charakter Ihrer Aussage zu unterstreichen.

Auslassungspunkte

Bei Antworten oder wenn man Aussagen eines anderen zitiert, ist es oft angebracht, zu kürzen. Auslassungen im Text sollten durch drei Punkte (Auslassungspunkte) gekennzeichnet sein. Diese kann man auch in Klammern setzen – (...) oder [...].

Zeichensetzung mit Smileys

Bei der Kommunikation via E-Mail muß man auf Ausdrucksmittel wie Stimme, Gesichtsausdruck und Körpersprache verzichten. Um die Stimmung und Einstellung eines Schreibers besser zu verdeutlichen, wurden die sogenannten *Smileys* (oder *Emoticons)* entwickelt. Durch das Aneinanderreihen von Zeichen kann der Schreiber Gesichtsausdrücke und Körpersprache nachahmen.

Genau wie die Akronyme (siehe Teil 3) sollten Smileys nicht zu oft und nicht in Geschäftskorrespondenz verwendet werden. Jemand, der sich mit Smileys nicht auskennt, wird sie nicht verstehen. Erfahrene E-Mail-Schreiber werden Sie überdies sofort als Neuling einstufen, wenn Sie Smileys zu oft einsetzen.

Populäre Smileys

Smiley/Emoticon	Beschreibung
:-)	lächelnder Smiley
;-)	augenzwinkernder Smiley
:-(	trauriger Smiley
;-(	weinender Smiley
:-|	gleichgültiger Smiley
:-[	sarkastischer Smiley
:-||	verärgerter Smiley
:-<	sehr verärgerter Smiley
:-o)	schreiender Smiley
(:-&	böser Smiley
%-(	verwirrter Smiley
:-x	Küßchen
:-D	Lachen
:-\	unschlüssiger Smiley
:-#	Smiley mit Zahnspange (oder: verschlossener Mund)
:-p	Smiley zeigt dir die Zunge
8-)	Smiley mit weit aufgerissenen Augen
:-/	skeptischer Smiley

:-o	geschockter oder erstaunter Smiley
:->	sarkastisches Lächeln
:-]	Grinsen
;^)	süßliches Lächeln
(:/)	Sarkasmus
<:/&	Schmetterlinge im Bauch
>:-)	Teufel
0:-)	Engel

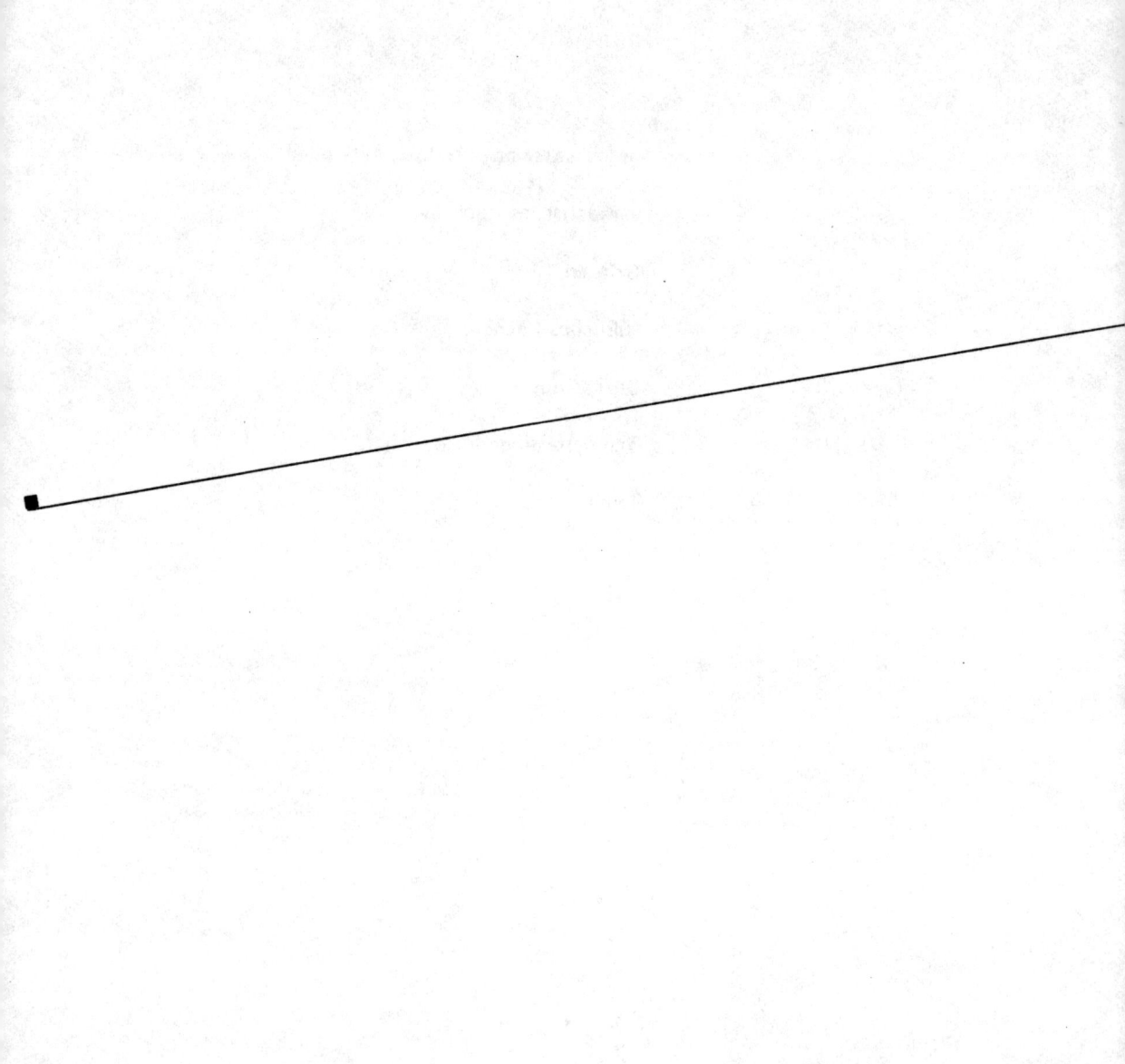

Teil 5:
Formatieren Sie Ihr E-Mail-Dokument

Lesbarkeit erleichtert die Verständlichkeit

Lesbarkeit heißt das Motto, wenn es um das Formatieren Ihres Dokumentes geht. Ist es nämlich unleserlich, könnten die Empfänger vielleicht bei der Entzifferung der wichtigen Nachricht die Geduld verlieren. Hier folgen ein paar Richtlinien, damit Ihre E-Mails einfach zu lesen sind.

Wählen Sie die richtige Schriftart

Es gibt nur wenige Dinge, die schwieriger zu lesen sind als eine E-Mail mit einer ungewöhnlichen, sehr großen oder kleinen Schrift. Hat Ihre Mail einen geschäftlichen Inhalt, sollten Sie eine Standardschrift wie z. B. Times New Roman, Courier oder Arial wählen. Die Schriftgröße sollte zwischen 10 Punkt und 12 Punkt liegen; mit dieser Größe haben die meisten Leser kein Problem:

Times Roman 10 pt
Times Roman 11 pt
Times Roman 12 pt

Courier 10 pt
Courier 11 pt
Courier 12 pt

Arial 10 pt
Arial 11 pt
Arial 12 pt

Für Überschriften oder andere spezielle Elemente in Ihrer E-Mail können Sie auch eine größere Schrift wählen, um einen gewissen Effekt zu erzielen. Sie sollten diese Schriftgröße jedoch sparsam einsetzen.

Falls es um ein privates Thema geht, können Sie Ihrer Persönlichkeit Ausdruck verleihen, indem Sie Schriftarten wie Heron Script, Schreibschrift, Market Bold oder eine der zahllosen anderen Zierschriften wählen:

Heron Script

Schreibschrift

Market Bold

Ein guter Tip für die passende Schriftart: nicht zu klein, nicht zu groß und nicht zu verziert.

Widerstehen Sie dem Drang, nur Groß- oder Kleinbuchstaben zu verwenden

Viele Schreiber von E-Mails möchten mehr Aufmerksamkeit erreichen, indem sie nur Großbuchstaben verwenden. Schlechte Idee. Eine Nachricht, die nur in Großbuchstaben geschrieben ist, ist schwieriger zu lesen als eine in Standardschrift. (Außerdem bedeuten Großbuchstaben soviel wie »Schreien«.)

Das menschliche Auge ist daran gewöhnt, eine Mischung aus Groß- und Kleinbuchstaben zu lesen. Wenn Sie eine E-Mail nur in Großbuchstaben verfassen, riskieren Sie, daß Sie einen Leser, der an diese Art der visuellen Präsentation nicht gewöhnt ist, verärgern und den Leseprozeß verlangsamen.

Aus demselben Grund sollten Sie auch keine E-Mails in Kleinbuchstaben schreiben. Es mag vielleicht schneller gehen, nur Kleinbuchstaben zu verwenden, aber das Ergebnis liest sich schwieriger.

Ein Lesbarkeitsquiz

Testen Sie Ihre Reaktion auf die folgende Passage, die in drei Stilen geschrieben wurde: nur Großbuchstaben, nur Kleinbuchstaben und der Standardmix von Groß- und Kleinbuchstaben. Welchen Typ können Sie am besten lesen?

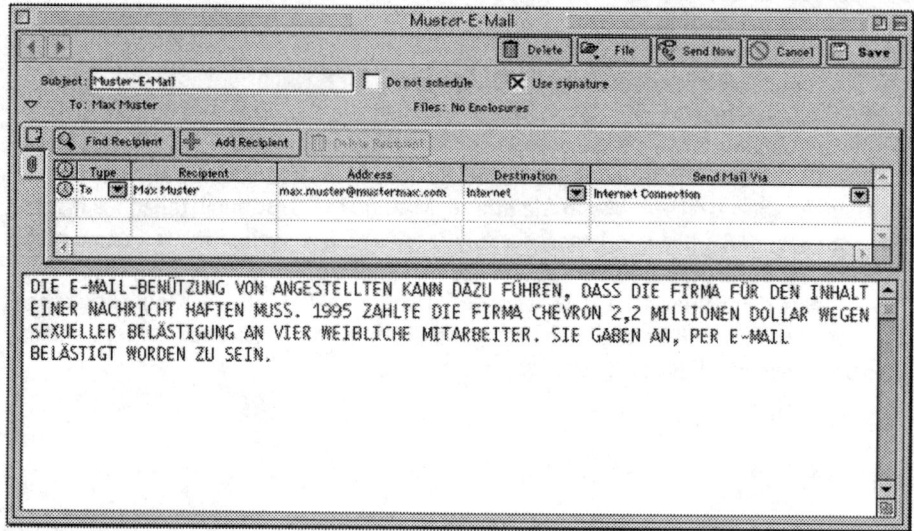

Formatieren Sie Ihr E-Mail-Dokument

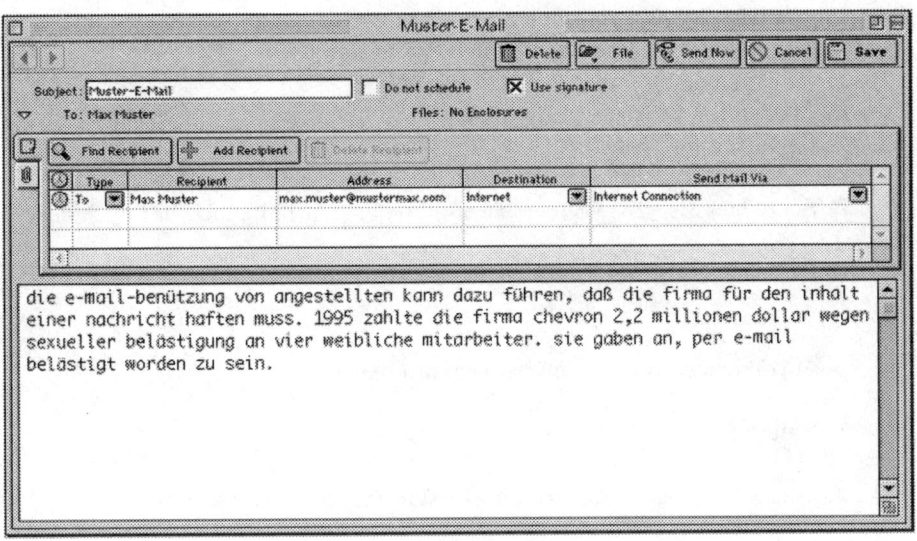

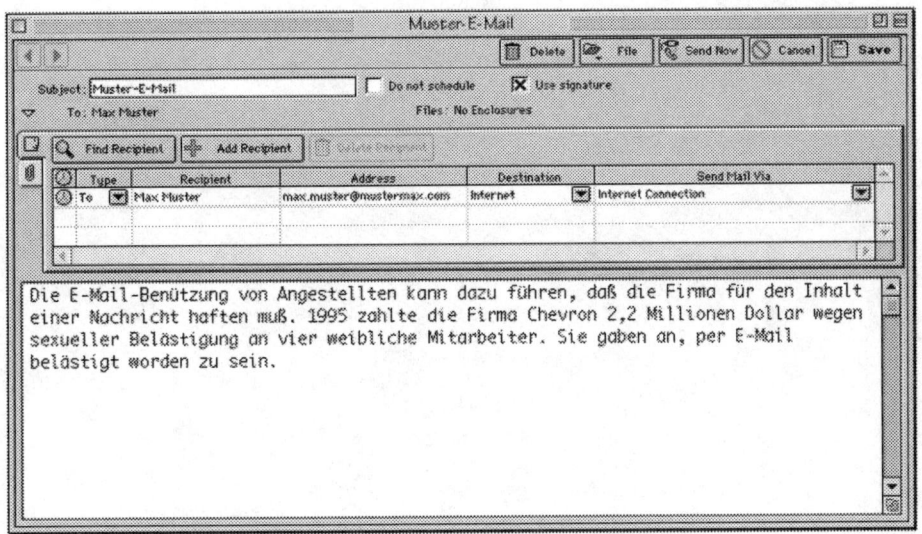

Verwenden Sie Punkte, Sterne und Zahlen zur Betonung

Betonen Sie wichtige Punkte, indem Sie diese nacheinander anführen. Davor setzen Sie dann Punkte, Sterne oder Zahlen. Vergessen Sie nicht:

- Bleiben Sie konsequent. Beginnt Ihre Aufzählung mit einem Punkt, sollte sie auch damit enden.

- Schreiben Sie ganze Sätze oder Satzteile, aber halten Sie das auch durch.

- Beginnen Sie jeden Punkt mit einem Großbuchstaben.

Aufzählungen mit Zahlen betonen am meisten:

1. Halten Sie jede Zeile kurz.

2. Rücken Sie jede Zeile ein, um die Wirkung zu vergrößern.

3. Lassen Sie zwischen den Zeilen eine Zwischenzeile und nach dem Ende der Aufzählung einen größeren Abstand.

Haben Sie keine Angst vor leeren Zeilen. Sie erreichen damit, daß man die Punkte besser lesen kann und sie mehr ins Auge stechen.

Wählen Sie die passende Hintergrundfarbe

Sie haben bei Ihrem E-Mail-Programm vielleicht die Möglichkeit, die Hinter-
grund- oder Schriftfarben Ihrer E-Mails festzulegen (Dies trifft dann zu, wenn Sie
E-Mails im HTML-Format verfassen können). Sie müssen das natürlich nicht tun.
Ein lila Hintergrund mit grünen Buchstaben kann vielleicht interessant aussehen,
aber auch Ihre Glaubwürdigkeit untergraben. Für Geschäftskorrespondenz sollten
Sie einen neutralen oder hellen Hintergrund mit dunklen Buchstaben wählen. Un-
gewöhnliche Bildschirmfarben können den Augen das Lesen erschweren und vom
Inhalt ablenken.

Bedenken Sie Einschränkungen bei der Software

Sie sind vielleicht in der Lage, E-Mail-Nachrichten zu verfassen, die interessante Schriften und Farben beinhalten, beim Empfänger kommen sie aber vielleicht gar nicht so an, weil seine Software es nicht zuläßt. Dies trifft z. B. dann zu, wenn Sie E-Mails in HTLM senden, der Empfänger die Option zur Darstellung derselben jedoch nicht zur Verfügung bzw. ausgeschaltet hat und nur ASCII-Text verarbeiten kann.

Bevor Sie daher künstlerisch tätig werden, sollten Sie sich beim Empfänger der Nachricht erkundigen, ob es die Mühe überhaupt wert ist. Falls die Software des Empfängers mit Ihrer nicht kompatibel ist, kann das Ergebnis katastrophal sein. Im Zweifelsfall halten Sie sich immer an die Standardrichtlinien.

Eine weitere Möglichkeit, Wörter oder Textstellen herauszustreichen, ist der Einsatz von Kursivschrift oder Unterstreichungen. Bei inkompatibler Software kann das zum Problem werden. Es gibt daher Zeichen, die statt dessen verwendet werden können:

Kursivschrift: Setzen Sie einen Stern (*) am Beginn und am Ende des Wortes, das kursiv geschrieben werden soll (das gleiche gilt auch für Satzteile). Zum Beispiel: *Die Schauspielerin *Lisi Lift* spielt die Hauptrolle im Film *Der Lift*.*

Unterstreichen: Setzen Sie einen Unterstreichstrich (_) zu Beginn und am Ende des Wortes, das unterstrichen werden soll (das gleiche gilt auch für Satzteile). Zum Beispiel: *Jeder Verfasser von E-Mails sollte das Wörterbuch _Der Große Duden_ besitzen.*

Achten Sie auf die richtige Zeilenbreite

Es kommt häufig vor, daß Menschen täglich Dutzende von E-Mails erhalten. Daher sollte Ihre Nachricht herausstechen. Das erreichen Sie ganz leicht, indem Sie den Seitenrand richtig setzen. Die folgende Übung unterstreicht, wie sogar kleine Details das Erscheinungsbild Ihrer Nachricht beeinflussen können:

Setzen Sie den linken Seitenrand auf 0 und den rechten auf 100 (bzw. die Zeilenbreite auf 100 Zeichen). Nun schreiben Sie ein paar Sätze. Bemerken Sie, daß der Text auf der linken Seite schwer zu lesen und der Text auf der rechten Seite ohne den Einsatz der Scrollfunktion unsichtbar ist?

Jetzt setzen Sie den Seitenrand links auf 5 und rechts auf 75 (bzw. die Zeilenbreite auf 70 Zeichen) und schreiben die Sätze neu. Ist das nicht viel besser? Der ganze Text ist jetzt direkt auf dem Bildschirm erkennbar, auch für einen Leser, der es eilig hat.

Teil 6:
Managen und organisieren Sie
Ihre E-Mails

Da das Verschicken und Empfangen von E-Mails immer beliebter wird, können Ihre In- und Outbox bald in einer Flut von E-Mails untergehen. Sie müssen daher wissen, wie Sie Ihren elektronischen Schreibtisch organisieren, um ohne Schwierigkeiten empfangene oder gesendete Dokumente bei Bedarf zu finden. Mit den folgenden Tips bringen Sie Ordnung in Ihr elektronisches Postfach.

Das Anhängen von Dokumenten an Nachrichten

Die meisten E-Mail-Nachrichten kann man gleich direkt Stück für Stück auf dem Bildschirm lesen. Wenn Sie jedoch ein längeres Dokument verschicken, muß der Leser mit der Pfeiltaste ständig nach unten blättern, bis er die ganze Nachricht lesen kann. Das muß nicht unbedingt schlecht sein, da manche Themen viel Platz verdienen. Falls Sie jedoch der Meinung sind, Ihre E-Mail-Nachricht gerät zu lang, oder falls Sie Tabellen, Graphiken oder Fotos beifügen müssen, sollten Sie das jeweilige Dokument gesondert anhängen. Man nennt dies dann ein *Attachment*. Die meisten E-Mail-Programme bieten die Möglichkeit, ein Attachment zu schicken. Sie können damit Dokumente anhängen, die in verschiedenen Programmen erstellt wurden. Durch Attachments werden die Möglichkeiten von E-Mail sehr erweitert.

Bevor Sie ein Dokument anhängen, sollten Sie jedoch kurz überlegen, ob es Sinn macht.

■ Kann das E-Mail-System des Empfängers etwas mit Ihrem Attachment anfangen?

Es ist sinnlos, ein Attachment zu schicken, wenn es der Empfänger nicht öffnen kann. Bevor Sie daher ein Dokument anhängen, überlegen Sie, welche Software der Leser der E-Mail verwendet. Falls Sie Zweifel haben, können Sie ja eine schnelle E-Mail an den Empfänger schicken oder ihn anrufen, um ihn zu fragen. Dadurch ersparen Sie sich letztendlich Zeit und Ärger.

■ Verwenden Sie ein Attachment wie vorgesehen.

Liefern Sie in Ihrer E-Mail-Nachricht eine kurze Beschreibung des Attachments, aber gehen Sie nicht ins Detail. Das machen Sie ohnehin im Attachment.

■ **Machen Sie den Empfänger auf das Attachment neugierig.**

Nützen Sie die kurze Beschreibung, um Werbung für das Attachment zu machen. Erklären Sie in ein bis zwei Sätzen, worum es im Attachment geht und warum es der Empfänger lesen sollte.

■ **Schicken Sie kein Attachment, wenn eine kurze Nachricht ausreicht.**

Bevor Sie ein Dokument anhängen, sollten Sie sich fragen, ob das wirklich notwendig ist. Falls eine kurze E-Mail-Nachricht völlig ausreicht, ist es sinnlos, ein Attachment zu schicken.

■ **Komprimieren Sie sehr große Dateien.**

Wenn Sie sehr große Dokumente wie Datenbanken, Graphiken oder Kalkulationstabellen anhängen, kann das zu einem Problem werden, da der Übertragungsprozeß sehr lange dauert und viel Kapazität braucht. Die Alternative dazu ist ein Komprimierungsprogramm, das die Größe eines Attachments reduziert. Auch hier sollten Sie beim Empfänger nachfragen, ob er so eine Datei wieder dekomprimieren kann.

Fragen Sie im Zweifelsfall beim Empfänger nach, ob er das Attachment öffnen kann, und schicken Sie es erst, wenn Sie eine entsprechende Antwort erhalten haben.

Wie man Dokumente anhängt

Obwohl E-Mail-Programme sehr unterschiedlich sind, gibt es vier Schritte, ein Dokument anzuhängen, die allgemein gültig sind:

Schritt 1   Wählen Sie die Attachment-Option auf Ihrem Bildschirm. Sie könnte als Wort *Attach* oder als Icon (oft eine Büroklammer) erscheinen. Falls Sie sich nicht auskennen, lesen Sie in Ihrem Benutzerhandbuch oder in der Hilfefunktion des Programmes nach.

Schritt 2   Wählen Sie das anzuhängende Dokument aus dem Dateiverzeichnis.

Schritt 3   Wiederholen Sie den Prozeß, falls Sie mehrere Dokumente anhängen.

Schritt 4   Nachdem Sie Ihre Wahl bestätigt haben, erscheint Ihre originale E-Mail-Nachricht mit einer Liste der angehängten Dokumente.

Wenn Sie genau wissen möchten, wie man Attachments schickt, lesen Sie bitte das Benutzerhandbuch oder fragen Sie jemanden, der sich damit auskennt.

Anmerkung: Ein sehr häufiger Fehler beim Senden von Attachments ist, jemandem eine Nachricht mit dem Hinweis auf ein Attachment zu schicken, jedoch keine Dokumente an die E-Mail-Nachricht anzuhängen. Das passiert häufig, wenn Sie abgelenkt wurden. Sie vermeiden dieses Problem, indem Sie die Dokumente anhängen, bevor Sie die E-Mail verfassen.

Vermeiden Sie ein Durcheinander in Ihrer Inbox

Wenn Sie keine Schritte unternehmen, Ihre empfangenen E-Mails zu managen, werden Sie in der Inbox bald unzählige Mails vorfinden. Die Inbox ist die richtige Stelle, um aktuelle oder relativ neue Nachrichten aufzubewahren. Ist eine Nachricht jedoch nicht mehr so wichtig, sollte man sie löschen, ausdrucken oder woanders speichern.

Löschen (delete) ist die schnellste und einfachste Möglichkeit, Ordnung in Ihre Inbox zu bringen. Sie brauchen oder möchten wahrscheinlich nicht jede erhaltene Nachricht speichern, außer Ihre Firma verlangt es von Ihnen. Ist eine Mail unwichtig, löschen Sie sie einfach.

Ihre elektronische Nachricht **auszudrucken (print)** kann unter folgenden Umständen sinnvoll sein:

- Sie sind der Meinung, das Dokument später noch zu brauchen, wenn Sie keinen Zugang zu einem PC haben.

- Die Firma verlangt von Ihnen die Archivierung aller Korrespondenz mit Kunden und/oder Lieferanten.

- Sie möchten jemandem die E-Mail-Nachricht zeigen, der keinen Computer hat.

Wie man E-Mail-Nachrichten ablegt und archiviert

Wenn Sie E-Mails auf Ihrem Computer speichern möchten, ohne ein heilloses Durcheinander in Ihrer Inbox zu erzeugen, sollten Sie diese ablegen und archivieren.

Beim **Ablegen (Filing)** sortieren Sie die Nachrichten, die Sie auf dem PC speichern möchten und auf die Sie dann ganz einfach und schnell bei Bedarf zugreifen können.

Das **Archivieren (Archiving)** ist das Einordnen älterer Nachrichten, die Sie eigentlich nicht mehr wirklich auf Ihrem PC brauchen, aber auch nicht unbedingt löschen möchten.

Das Ablegen von E-Mails ist genauso einfach wie das Erstellen einer neuen Datei. Je nachdem, welches E-Mail-Programm Sie haben, werden Sie wahrscheinlich beim Filing so vorgehen:

1. Wählen Sie das Dokument, das Sie ablegen möchten.

2. Wählen Sie das Dateiverzeichnis, in dem Sie das Dokument speichern möchten.

3. Geben Sie dem Dokument einen Dateinamen.

4. Klicken Sie auf *Save (Speichern)*.

Es ist praktisch, von Zeit zu Zeit Ihre ganzen Dateien durchzugehen und »auszumisten«. Entweder Sie löschen Dateien, die Sie nie wieder brauchen, oder Sie archivieren sie.

Zum Archivieren speichern Sie die Dateien oder Dokumente auf Diskette und löschen danach die entsprechenden Daten von Ihrem PC. Wenn Sie ein Dateikomprimierungsprogramm verwenden, erleichtert es das Managen Ihrer Dateien. Bewahren Sie die archivierten Disketten an einem sicheren Platz auf.

→ **Vergessen Sie nicht, regelmäßig ein Backup (Sicherung) Ihrer Dateien zu erstellen. Die beste Organisation nützt Ihnen nichts, wenn Sie auf Daten im Notfall nicht zugreifen können.**

Jedesmal wenn Sie eine E-Mail senden oder empfangen, riskieren Sie, sich einen elektronischen Virus einzufangen oder einen zu verbreiten. Manche Viren irritieren zwar ein wenig, wirken aber nicht zerstörerisch. So eine Art von Virus macht sich zum Beispiel dadurch bemerkbar, daß plötzlich grüne, tanzende Männchen auf dem Bildschirm erscheinen, die seltsame Nachrichten von sich geben. Andere Viren werden mit böser Absicht gesendet und haben eine tödlichere Wirkung. Ein zerstörerischer Virus kann Dateien von Ihrer Festplatte löschen, die Datenverarbeitung behindern und sich von einem Computer auf den anderen transferieren.

E-Mail-Attachments sind das beliebteste Mittel, um Viren zu transportieren. Wenn Sie ein infiziertes Dokument öffnen, ist die Wahrscheinlichkeit hoch, sich den Virus einzufangen.

Die beste Medizin heißt Vorsorge: **Öffnen Sie nie ein Attachment, wenn Ihnen der Absender nicht bekannt ist.** Manchmal weiß der Absender jedoch von der Existenz eines Virus gar nichts. **Der beste Schutz ist daher der Erwerb eines Virenschutz- und -suchprogrammes.** Damit können Sie E-Mails bzw. Attachments zuerst auf Viren durchsuchen lassen, bevor Sie sie öffnen.

Wie Sie unerwünschte Werbesendungen (Spam) loswerden

Als Benutzer von E-Mail werden Sie wahrscheinlich früher oder später unerwünschte elektronische Werbesendungen, *Spam* genannt, erhalten. Diese Problematik wird durch entsprechende Filter bei jenen Dienstleistern, die Ihnen den Zugang zum Internet und zu E-Mail ermöglichen, bekämpft. Es kommt jedoch immer wieder vor, daß nicht alle Werbemails »erwischt« werden und eine solche dann in Ihrer Mailbox »aufschlägt«.

Die Versender solcher Mails kommen meist auf diesem Weg zu Ihrer E-Mail-Adresse:

Wenn Sie jemandem eine Mail schicken, die Ihren Absender enthält, riskieren Sie, daß der Empfänger Ihre Adresse an eine dritte Person weiterleitet. Auf diesem Weg verlieren Sie die Kontrolle darüber, wer Ihre E-Mail-Adresse erhält, und es kann vorkommen, daß diese bei einem Adressenhändler landet. Dieser Fall ist aber bei weitem nicht so häufig wie der folgende.

Versender von Werbemails scannen Newsgroups und das World Wide Web nach Mail-Adressen ab. Sollten Sie also Ihre Mail-Adresse öffentlich bekanntgegeben haben, müssen Sie damit rechnen, auch Spam zu erhalten.

Ein paar Tips, um unerwünschte Werbesendungen zu vermeiden

■ Löschen Sie nichtverlangte Werbe-E-Mails. Ein einfacher Vorgang, und Sie haben die Situation sofort im Griff.

■ Wenn Sie E-Mails an Menschen schicken, die Sie nicht kennen, ersuchen Sie diese, Ihre Adresse nicht weiterzuleiten.

■ Besorgen Sie sich Software, die unerwünschte Nachrichten herausfiltert. Manche Filterprogramme basieren auf Schlüsselworten oder Phrasen. Wenn Sie diese Ihrer Filterliste hinzufügen, werden Nachrichten, die diese Wörter oder Phrasen enthalten, gelöscht. Andere Filterprogramme leiten unerwünschte Nachrichten zu einer speziellen Datei weiter, die sie von Zeit zu Zeit löschen. Natürlich besteht bei diesen Filterprogrammen die Gefahr, daß auch erwünschte Nachrichten gelöscht werden könnten.

■ Für vertrauliche Nachrichten sollten Sie eine Verschlüsselungs-Software verwenden, die den Inhalt verschlüsselt, der dann nur für den Empfänger entzifferbar ist.

■ Verwenden Sie mehrere E-Mail-Adressen. So können Sie sich eine eigene Adresse für Postings in Newsgroups oder Einträge in Gästebücher etc. einrichten.

■ Wenn Sie unerwünschte elektronische Werbesendungen erhalten, machen Sie sich nicht die Mühe zu fragen, ob man Sie von der Empfängerliste streichen kann. Es bestätigt dem Versender höchstens, daß Ihre Adresse existiert.

Die Problematik von unverlangter Werbe-E-Mail wird derzeit innerhalb der Europäischen Union stark diskutiert und in Folge wohl auch gesetzlich geregelt werden. Informationen über den neuesten Stand der Debatte erhält man zum Beispiel beim Deutschen Multimedia-Verband im Internet unter der Adresse http://www.dmmv.de/ und auf der Web-Site Akademie.de unter der Adresse http://www.akademie.de/.

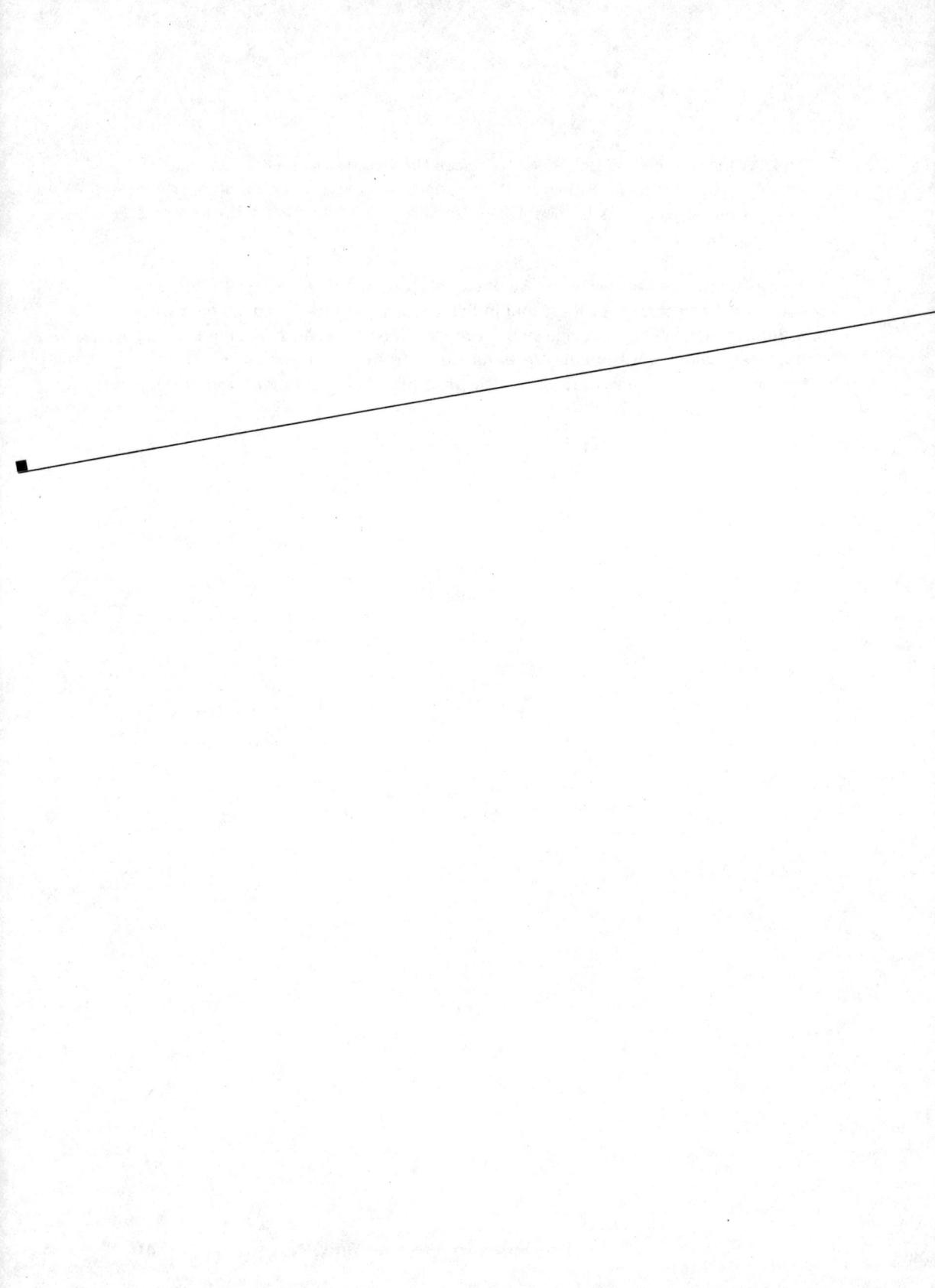

Anhang:
Was Sie sonst noch brauchen können ...

Glossar der wichtigsten E-Mail-Begriffe

Begriff	Erklärung
Ablegen	Die Organisation von aktuellen Nachrichten und/oder Dateien
Adreßbuch	Eine Sammlung von E-Mail-Adressen
Adresse	Die Bestimmung einer E-Mail-Nachricht
Antwort	Auch *Reply* genannt. Die Antwort auf eine E-Mail
Archivieren	Das Speichern alter E-Mails auf der Festplatte oder auf einer Diskette
Attachment	Eines oder mehrere Dokumente, die an eine E-Mail-Nachricht angehängt werden. *Beispiele:* Dokumente, Graphiken, Kalkulationstabellen
Backup	Speichern von Daten auf einem externen Datenträger wie z. B. einer Diskette.
Bcc	Blind carbon copy – eine »geheime« Kopie
Cc	Carbon copy – eine Kopie
CD-ROM	Akronym für *compact disk read only memory.* Wird verwendet, um Daten zu speichern
CPU	Akronym für *central processing unit.* Das »Gehirn« des Computers
Cybergrammatik	Der korrekte Gebrauch von Grammatik, Interpunktion und Rechtschreibung in E-Mail-Dokumenten
Cyberspace	Die elektronische Umgebung, in der Menschen via Computer interagieren

Begriff	Erklärung
Akronyme	Ein Mittel für E-Mail-Schreiber, um Phrasen zu verkürzen. Werden nicht von allen verstanden
Elektronische Korrespondenz	E-Mail-Nachrichten und Attachments
Elektronischer Jargon	Akronyme, Abkürzungen und Slang, der nur von einer bestimmten Gruppe von E-Mail-Schreibern verstanden und benützt wird
E-Mail	Eine elektronische Nachricht, die zwischen zwei Computern übertragen wird
Emoticons	Elektronische Symbole für Emotionen. Werden auch *Smileys* genannt
Empfänger	Die Person, an die der Verfasser eine E-Mail schickt
Filter	Eine E-Mail-Software, mit der man eingehende Nachrichten sortieren kann
Flame	Eine unhöfliche oder verletzende E-Mail-Nachricht
Folder	Zusammengehörige Nachrichten und/oder Dokumente werden darin gespeichert
Forward	Weiterleitung einer E-Mail an eine zweite Person
Gruppenliste	Eine Liste von E-Mail-Adressen
HTML (Hypertext Markup Language)	Seitenbeschreibungssprache; damit werden u. a. Webseiten programmiert, immer häufiger aber auch E-Mails gestaltet

■ Begriff	■ Erklärung
Icon	Ein Symbol auf dem Bildschirm, das eine Aktion oder Funktion versinnbildlicht
Inbox	Der Platz, an dem erhaltene E-Mails gespeichert werden
Komprimierung	Eine Technik zum Dateimanagement, die Daten komprimiert, um sie leichter zu transportieren und zu speichern
Modem	Hardware-Einrichtung, die den Computer mit der Telefonleitung verbindet
Priorität	Zeigt die Wichtigkeit einer E-Mail-Nachricht an. Man unterscheidet *hohe, normale und geringe Priorität*
Signatur	Eine persönliche Identifizierung am Ende einer E-Mail. Kann den Namen des Schreibers, den Firmennamen und die E-Mail-Adresse beinhalten
Smileys	siehe Emoticons
Spam	Unerwünschte Werbesendungen via E-Mail
Subject Line	Auch Betreffeld genannt. Darin schreibt man das Thema einer E-Mail
Verschlüsselung	Eine E-Mail-Nachricht kann verschlüsselt werden, um die Privatsphäre zu sichern. Bei Erhalt muß die Nachricht vom Empfänger erst decodiert werden
Versteckter Leser	Ein Leser, der dem Schreiber unbekannt ist

Weiterführende Literatur

Gerald Bandzauner: Internet. Grundlagen und Anwendungen. Wien 1996f.

Uwe Kreisel/Pamela Ann Tabbert: E-mail English. Fit in Kommunikation und Technik. rororo Computer, Reinbek bei Hamburg 1997.

Weitere Titel der Reihe »New Business Line« sind lieferbar

Wir schicken Ihnen gerne kostenlos und unverbindlich unseren New-Business-Line-Prospekt sowie Informationen zu unserem Verlag:

Wirtschaftsverlag Carl Ueberreuter

D-60439 Frankfurt, Lurgiallee 6–8
Telefon 069/58 09 050
Fax 069/58 09 05/10
http://www.ueberreuter.de

A-1091 Wien, Alserstraße 24
Telefon 01/40 444-0
Fax 01/40 444-156
http://www.ueberreuter.at